Beltz Taschenbuch 836

D1718763

Über dieses Buch:

Kinder mit ADS können für ihre Eltern zum Alptraum werden. Sie stören ständig, verhalten sich aggressiv, hören nicht zu, erledigen ihre häuslichen Pflichten nicht, akzeptieren keine Regeln oder verfallen von einer Tätigkeit in die nächste.

Viele Eltern verzweifeln bei dem Versuch, das Verhalten ihrer Kinder mit herkömmlichen Mitteln positiv zu beeinflussen, haben längst gemerkt, dass Verbote, Strafen und Einreden auf das Kind nichts nützen. Diese Eltern will der Familientherapeut ermutigen, mit dem ADDapt-Programm zu arbeiten, um bei den Kindern eine Verhaltensänderung zu bewirken, die sich positiv auf das Zusammenleben in der Familie auswirkt und damit auch Voraussetzungen für eine grundlegende Verbesserung der Symptome in anderen Bereichen wie Schule und Freundeskreis schafft. ADDapt – das heißt »ADD alternative parenting techniques«, also »alternative Eltern-Techniken im Umgang mit ADS-Kindern«.

Nach einer Einführung, in der der Autor die wesentlichen Aspekte seines Ansatzes erläutert, folgt das in zwölf Schritte gegliederte Trainingsprogramm, das Eltern in die Lage versetzt, konsequent auf die störenden Verhaltensweisen zu reagieren und positive Entwicklungen systematisch zu verstärken. Ergänzt wird dieser wertvolle Ratgeber durch viele Übungen und hilfreiche Tipps.

Der Autor:

David Pentecost ist Familientherapeut in London und führt Veranstaltungen für Eltern, Lehrer, Psychiater und alle jene durch, die mit ADS zu tun haben. Er ist Dozent am Institut für Familientherapie an der South Bank University, London.

David Pentecost

Alltagsprobleme mit ADS-Kindern wirkungsvoll lösen

Das ADDapt-Programm

Aus dem Englischen
von Andreas Nohl

Titel der englischen Originalausgabe:
Parenting the ADD Child. Can't Do? Won't Do?
Practical Strategies for Managing Behaviour Problems
in Children with ADD and ADHD
© David Pentecost, 2000
First published by Jessica Kingsley Publishers Ltd.,
represented by Cathy Miller Foreign Rights Agency, London, England

Besuchen Sie uns im Internet:
www.beltz.de

Beltz Taschenbuch 836

1 2 3 4 5   06 05 04 03 02

Alle Rechte der deutschsprachigen Ausgabe:
© 2002 Beltz Verlag GmbH, Weinheim und Basel
Umschlaggestaltung: Federico Luci, Köln
Umschlagfoto: The Stock Market, Düsseldorf
Satz: MediaPartner Satz- und Reprotechnik GmbH, Hemsbach
Druck und Bindung: Druckhaus Beltz, Hemsbach
Printed in Germany

ISBN 3 407 22836 8

Inhalt

Das ADDapt-Programm

Kapitel 1
Hat Ihr Kind ADS?

In diesem Buch erfahren Sie etwas über Kinder wie Ulli, Susi, Jochen und David.

Susi, ein aufgewecktes, intelligentes fünfjähriges Kind, ist so lebhaft und trotzig, dass sie mit ihrem Verhalten ihre Mutter regelmäßig zur Verzweiflung treibt. Sie hat schon einige Möbel in ihrem Kinderzimmer kaputtgemacht und die eine oder andere Fensterscheibe zu Bruch gehen lassen. Sie hat ihre Mutter mit einem Gegenstand bedroht und ist auch schon von zu Hause weggelaufen, wurde von der Polizei im Park aufgelesen und zurückgebracht.

David ist zehn Jahre alt und ebenfalls aufgeweckt. Seine Schulleistungen liegen über dem Durchschnitt und er ist den meisten seiner Altersgenossen voraus. Doch die Schule hat seinen Eltern auch mitgeteilt, dass er im Unterricht spezielle Lernhilfe braucht, dass er es hasst, zu arbeiten, und ständig Streit sucht. Auch hat er in der Schule schon gestohlen und ist dem Direktor mit einigen Kraftausdrücken ins Wort gefallen. Er hat sich in der Toilette eingeschlossen und sich geweigert, wieder herauszukommen.

Jochen ist sieben. Seine Eltern haben ihm den Spitznamen »Boss« gegeben. Das ist kein Witz. Mit seinen ständigen Forderungen beherrscht er ihr Leben, und er schreckt vor nichts zurück, um im Zentrum ihrer ungeteilten Aufmerksamkeit zu stehen. Infolge seiner waghalsigen Aktionen verletzt er sich häufig. Das erste Mal brach er sich einen Arm, als er mit drei Jahren von einem Baum fiel. Seither hat er sich noch zweimal den Arm gebrochen. Eine Beinfraktur zog er sich zu, als er in ein fahrendes Auto lief, und bei einer Rauferei brach er sich drei Finger. Er ist von der Polizei streng verwarnt worden, weil er Flaschen auf die Fahrbahn einer Schnellstraße geworfen hatte. Er hat nur wenige Kleidungsstücke, weil er regelmäßig mit Absicht Löcher hineinschneidet. Er wurde noch nie zu einer Kinderparty eingeladen. Er hat keine Freunde. Andere Kinder fürchten und verachten ihn.

Ulli, sechs Jahre alt, kann ein liebevoller, fürsorglicher Junge sein, wenn er sich nicht aufspielt oder einen seiner aggressiven Wutanfälle hat. Seine Mutter Helen wird dann seiner nicht mehr Herr. Vor sechs Monaten hat er seinem dreijährigen Bruder mit einem Cricketschläger die Nase gebrochen. Vor kurzem hat er Helen so heftig in den Bauch getreten, dass sie das nächstgelegene Krankenhaus aufsuchen musste. Sie war schwanger. Bald darauf setzten sich seine Eltern mit den Sozialbehörden in Verbindung und baten zuletzt sogar darum, einen Heimplatz für ihn zu finden.

Was haben diese Kinder, ganz sicherlich extreme Beispiele, gemeinsam?
1. Sie machen das Leben ihrer Eltern zum Alptraum.
2. Sie haben alle Versuche ihrer Eltern zunichte gemacht, sie zu ändern.
3. Sie sind alle von ihren Eltern zu Psychologen und Therapeuten gebracht worden.
4. Ich habe sie alle kennen gelernt und ihren Eltern geholfen, das extreme Verhalten dieser Kinder so zu verändern, dass es dem von normalen Kindern ihres Alters gleicht.
5. Allen wurde die Diagnose gestellt, an Aufmerksamkeitsdefizitstörung (auch Aufmerksamkeitsdefizitsyndrom) oder ADS zu leiden.

Sie selbst haben vielleicht ein Kind mit ähnlichen Verhaltensproblemen wie Ulli, Susi, Jochen oder David, wenn auch nicht so schwer. Man hat Ihnen vielleicht schon gesagt, dass Ihr Kind Symptome dieser Störung zeige. Ihr Arzt hat sie als Erklärungsmöglichkeit für Ihre Probleme in Erwägung gezogen. Ein Psychologe hat Ihrem Kind vielleicht die Diagnose ADS gestellt.

Egal, wie stark betroffen Sie sind, Sie müssen über ADS Bescheid wissen und darüber, wie dieses Syndrom das Verhalten beeinflusst und welche Hilfe es gibt.

ADS = Unaufmerksamkeit + Impulsivität

Was also ist ADS, und leidet Ihr Kind darunter? ADS wird oft diagnostiziert, wenn ein Kind sich andauernd auf extreme Weise schlecht benimmt. Eltern erkennen, dass diese Verhaltensweisen ihre Kinder von gleichaltrigen Kindern isolieren. Lehrer sehen, wie dieses Verhalten sie von ihren Klassenkameraden isoliert.
Susi, David und Jochen zeigen verschiedene Typen eines extremen Verhaltens. Doch sie teilen die gemeinsame Diagnose ADS, weil man herausfand, dass ihrem Verhalten ähnliche Muster zugrunde liegen. Diese ähnlichen Grundmuster zu erkennen hilft uns, sie zu verstehen und zu behandeln. Die Verhaltensweisen, die ADS bezeichnen, werden in zwei Hauptgebiete unterteilt: Unaufmerksamkeit und Impulsivität. Bei einem ADS-Kind sind bis zu einem gewissen Grade beide Eigenschaften vorhanden, doch das genaue Mischungsverhältnis schwankt von Kind zu Kind.

Unaufmerksamkeit
Eines der ersten Dinge, die Davids und Susis Eltern bei ihren Kindern bemerkten, waren ihre ungewöhnlich kurzen Aufmerksamkeitsspannen. Sie waren immer viel schneller abgelenkt als die anderen Kinder in der Schule und im Kindergarten. Sie konnten sich einfach nicht in der gleichen Weise auf Aufgaben konzentrieren. Die Folge war, dass sie schlechte schulische Leistungen erbrachten und andere zu stören begannen.

Impulsivität
Bei Jochen fiel hingegen am meisten auf, dass er immer große Wagnisse einging, immer erst handelte und dann nachdachte und anscheinend blind für die Folgen war. Seine Eltern hatten

das Gefühl, dass er aus Erfahrungen nichts lernt, weil er sich nicht genug Zeit zum Überlegen nehmen kann, bevor er handelt. Zuerst ließen Jochens Eltern sein Gehör untersuchen, denn: »Er schien uns einfach nicht zu hören.« Doch Jochen hörte sehr gut. Sein Problem war ADS.

ADHS = Unaufmerksamkeit + Impulsivität + Hyperaktivität

Hyperaktivität
Ullis Mutter fiel zunächst auf, dass ihr Sohn, wenn sie ihn mit ihren anderen Kindern verglich, sobald er laufen konnte, immer »unterwegs« war – es war unmöglich, mit ihm Schritt zu halten. Jetzt mit sechs Jahren klettert er zwar nicht buchstäblich die Wände hoch, doch er sitzt nie still – er zappelt, trommelt mit den Fingern oder Füßen, schaukelt mit den Beinen oder mit dem ganzen Körper hin und her. Ständig hat er »Hummeln im Hintern«, gewöhnlich ist er mit mehreren Dingen gleichzeitig beschäftigt und auch beim Essen hält es ihn nicht am Tisch.
Harry leidet an ADHS – an einer Aufmerksamkeitsdefizit-Hyperaktivitätsstörung. Der Begriff ADHS wird manchmal synonym für ADS gebraucht, aber genau genommen sind es verschiedene, wenn auch verwandte Störungen. Zusätzlich zur Impulsivität und zu den kurzen Aufmerksamkeitsspannen, die ADS kennzeichnen, sind ADHS-Kinder hyperaktiv. Gleichwohl sind die Verhaltensprobleme, die mit beiden Störungen zusammenhängen, sehr ähnlich. Eltern von ADHS-Kindern werden meine Ratschläge sehr wirkungsvoll finden, auch wenn ich mich in diesem Buch nur auf ADS beziehe.

Jedes ADS-Kind ist anders

ADS-Kinder haben einige Symptome gemeinsam, aber keineswegs alle. Zum Beispiel kann sich Susi nicht konzentrieren, aber sie lärmt nicht herum; Jochen kann in kurzen Zeitabschnitten recht gut Puzzle spielen, aber brüllt die ganze Zeit, wenn er sich mit etwas beschäftigt; Ulli ist ein Zappelphilipp, aber er kann sich stundenlang auf ein Spiel konzentrieren; David kann ruhig sein, aber scheint in einer Traumwelt zu leben.

Und dennoch, ein ADS-Kind wird wahrscheinlich die meisten, wenn nicht alle, der folgenden Merkmale zeigen: Es

- achtet oft nicht auf genauere Details und macht Flüchtigkeitsfehler;
- hat oft Mühe, konzentriert bei dem zu bleiben, was es gerade tut;
- scheint oft nicht zuzuhören, wenn man es anspricht;
- befolgt Instruktionen oft nicht vollständig und erledigt Aufgaben nur teilweise;
- hat oft Mühe, Aufgaben und Aktivitäten zu organisieren;
- vermeidet oft Aufgaben, die geistige Anstrengung erfordern, oder versucht ihnen zu entgehen;
- verliert oft Sachen;
- ist oft abgelenkt;
- ist bei alltäglichen Tätigkeiten oft vergesslich;
- zappelt meist mit den Händen oder Füßen oder rutscht auf dem Stuhl hin und her;
- verlässt häufig seinen Stuhl im Klassenzimmer oder in anderen Situationen, wo Sitzenbleiben erwartet wird;
- rennt herum oder klettert über Dinge, wenn dies ungehörig ist;
- hat oft Schwierigkeiten, still zu spielen;
- ist oft auf dem Sprung oder wirkt wie von einem Motor angetrieben;
- spricht oft ununterbrochen;
- platzt oft mit Anworten heraus, bevor Fragen zu Ende formuliert sind;
- hat oft Schwierigkeiten abzuwarten, bis es an der Reihe ist;
- unterbricht oft andere oder drängt sich auf; mischt sich in Gespräche oder Spiele ein.

ADS ist weiter verbreitet, als viele Menschen glauben. Forscher haben es in jeder Nation und Kultur, die sie untersuchten, vorgefunden. In Deutschland, wo die Diagnostizierungsrate noch zunimmt, gehen vorsichtige Schätzungen davon aus, dass 6 bis 8 Prozent der Jungen und 3 bis 4 Prozent der Mädchen daran leiden. Viele Studien schätzen, dass weltweit 2 bis 9 Prozent aller Schulkinder ADS haben. Dabei haben Jungen dreimal so viel ADS wie Mädchen.

 Was Sie wissen müssen

- Die Verhaltensmuster, die ADS charakterisieren, treten normalerweise zwischen dem dritten und fünften Lebensjahr auf, auch wenn manche Kinder sie erst in der späten Kindheit oder sogar erst in der frühen Pubertät entwickeln.

- Die Störung kann bis ins Erwachsenenalter und darüber hinaus anhalten.

- ADS-Kinder haben oft große Probleme, Freunde zu gewinnen und Beziehungen aufrechtzuerhalten. Dadurch leiden sie oft an geringem Selbstbewusstsein (siehe Schritt 4).

- Kinder mit ADS bedürfen besonderer Techniken der elterlichen Zuwendung, und zwar mit sehr viel größerem Nachdruck auf Konsequenzen als bei anderen Kindern (siehe Kapitel 7).

- Es gibt keine Heilung von ADS – auch wenn Ritalin und verwandte Medikamente einige der Symptome verringern können (in manchen Fällen dramatisch).

- Niemand weiß mit Sicherheit, wodurch ADS ausgelöst wird. Es gibt eine Reihe verschiedener Theorien. Die wahrscheinlichsten Ursachen liegen im Hirnstoffwechsel, also insbesondere in chemischen Botenstoffen wie Dopamin, welches die Impulsivität bremst und die Konzentrationsfähigkeit beeinflusst.

- ADS wird von Wissenschaft und Medizin sehr ernst genommen. Jeden Monat führt die Forschung zu neuen Erkenntnissen.

- Die Diagnose von ADS ist schwierig. Bis jetzt kann das Syndrom weder durch Bluttests noch durch Hirnscans bestätigt werden. Unser aller Leben wäre einfacher, wenn das möglich wäre.

- Wie alle Verhaltensstörungen ist ADS sehr komplex. Es gibt einige Ähnlichkeiten unter ADS-Kindern, aber es kann ebenso große Unterschiede geben. Das Mischungsverhältnis und die Schwere der Symptome sind sehr unterschiedlich.

- Ein gebrochener Arm ist ein gebrochener Arm, aber ADS ist schwerer fassbar. Ihr Kind kann sich die meiste Zeit wirklich schlimm verhalten, dann für kurze Zeit beim Arzt oder Spezialisten ein wahrer Engel sein. Auch das erschwert die Diagnose.

- Die wachsende Zahl von diagnostizierten Fällen heißt noch keineswegs, dass das Syndrom von der Gesellschaft allgemein oder auch nur von Psychologen genau verstanden wird. Auch glauben immer noch zu viele Menschen, ADS sei eine Chimäre, ein Zustand, der in Wirklichkeit gar nicht existiere. ADS-Kinder werden immer noch gerne mit Begriffen wie »böse« oder »ungezogen« belegt und ihre Eltern bezeichnet man als »zu lasch« oder »verantwortungslos«. Dies ist zutiefst ungerecht und kann zu schlimmen Folgen führen (siehe Kapitel 4).

- Medikamentation gilt für ADS häufig als Mittel der Wahl. Aber Medikamente haben oft nur einen bescheidenen Erfolg bezüglich der Verhaltensprobleme. Neben der medikamentösen Therapie wird in zunehmendem Maße Verhaltenstraining (wie es in diesem Buch als Programm vorgelegt wird) als wesentliche Begleitung zur Medikamentation angesehen (siehe Kapitel 2 und 3).

- Überall sind Selbsthilfegruppen für Eltern von ADS- und ADHS-Kindern entstanden und es entstehen neue. Für viele Eltern sind sie lebenswichtig (siehe auch Schritt 12).

Dieses Buch kann Sie nicht über alles informieren, was es über ADS und das verwandte Syndrom ADHS zu wissen gibt. Es wird

Ihnen so viel Hintergrundinformationen an die Hand geben, wie Sie brauchen, um dem Programm zu folgen, aber nicht mehr als unbedingt nötig. Es gibt viele sehr gute Bücher, die sich eingehender mit den Theorien darüber befassen, was bei ADS geschieht. Manche davon haben Sie wahrscheinlich schon gelesen.

Ich möchte Sie beglückwünschen, dass Sie diese aufregende, wenn auch anstrengende Reise mit mir unternehmen wollen. Wir kommen aus dem Zeitalter, in dem Therapeuten immer alles besser wussten, heraus in ein neues Zeitalter, in dem Therapeuten und ihre Patienten zusammenarbeiten – und sich die Erkenntnisse und Einsichten während des ganzen Prozesses teilen. Ich bin davon überzeugt, dass diese Art der Zusammenarbeit und gegenseitigen Achtung in einem Bereich wie ADS besonders zukunftsträchtig ist. Seien Sie also willkommen in der Gemeinschaft derer, die es sich zur Aufgabe gemacht haben, Kindern mit dieser Störung besser helfen zu können.

Lesen Sie, was dieses Buch Ihnen dabei anzubieten hat.

Kapitel 2
Alternative Erziehungstechniken bei ADS

Ich arbeite seit über zehn Jahren auf dem Feld der Kinder- und Erwachsenenpsychologie. Einen großen Teil dieser Zeit habe ich damit zugebracht, Eltern zu helfen, die ein Kind mit ADS haben. Mir sind ihre Frustrationen und Seelenqualen nur zu vertraut. Durch das Verhalten ihres Kindes oft völlig am Ende, kommen sie zu mir und haben meist das Gefühl, sie seien die Schuldigen. Den Kindern geht es ebenfalls schlecht. Sie fühlen sich mit dem Stigma behaftet, unkontrollierbar und ungezogen zu sein. Es mangelt ihnen an Selbstbewusstsein und Selbstwertgefühl.
Oft befindet sich die ganze Familie in einer tiefen Krise, jeder beschuldigt jeden, das Problem verursacht zu haben, obwohl jeder insgeheim befürchtet, dass er oder sie selbst dafür verantwortlich ist.
Eltern mit ADS-Kindern suchen verzweifelt nach Lösungen. Sie brauchen dringend Unterstützung und Verständnis. Ich habe die letzten zehn Jahre damit verbracht, ihnen zu helfen, und habe dieses Buch geschrieben, weil ich weiß, dass sich die Dinge für sie ändern können und zwar rasch.

Warum dieses Buch für Sie wichtig sein kann

Es ist nicht einfach, die richtige Hilfe für den Umgang mit einem ADS-Kind zu bekommen. Therapeutische Hilfe, die darauf angelegt ist, Eltern besondere Erziehungstechniken an die Hand zu geben, ist selten. Ob man die richtige Hilfe bekommt, gleicht einem Glücksspiel; es hängt auch davon ab, wo man wohnt.
Daher dieses Buch. Es wird Ihnen das Know-how vermitteln, um andauernde Veränderungen im Verhalten Ihres Kindes zu

bewirken. Auf den folgenden Seiten finden Sie Lösungen für die Verhaltensprobleme, die mit ADS zusammenhängen. Bei dem ADDapt-Programm*, das ich Ihnen vorschlage, handelt es sich um alternative Erziehungstechniken bei ADS. Sie können es Training, Lernprogramm oder Verhaltensmodifikation nennen, aber es läuft schließlich alles auf eine spezielle Erziehungstechnik hinaus, die Ihr Kind schrittweise und sanft zu dem Verhalten bringt, das Sie sich von ihm wünschen. Sie als Eltern haben die besten Möglichkeiten, Ihrem ADS-Kind bei seiner Veränderung zu helfen.

Warum das ADDapt-Pogramm Ihnen helfen wird

ADS-Kinder brauchen andere Formen der Erziehung – andere als die, die sich sozusagen »von Natur aus« anbieten. Eltern müssen wissen, was bei sehr schwierigen Kindern am besten funktioniert. Das ist also der Punkt, wo das ADDapt-Programm ins Spiel kommt. Zum Beispiel beginnt das Programm damit, die Qualität der Beziehung zwischen Ihnen und Ihrem ADS-Kind zu verändern – die ja vermutlich ziemlich ramponiert ist. Im weiteren Verlauf lernen Sie, sein Selbstwertgefühl aufzubauen; wie Sie wirkungsvoll loben und belohnen; wie Sie Konflikte verringern; wie Sie Fragen der Disziplin angehen und so weiter.

Die 12 Schritte des ADDapt-Programms helfen Ihrem Kind, neue und bessere Verhaltensweisen zu erlernen, alte und schlechte dagegen zu *verlernen.*

---

* Wir haben die englische Formulierung für dieses Buch beibehalten. »ADD« (Attention-Deficit-Disorder) steht dabei für ADS (Aufmerksamkeitsdefizit-Störung), und das Kürzel »apt« meint »alternative parenting techniques«, also alternative Techniken, die Eltern im Umgang mit ihrem ADS-Kind anwenden sollen. Das englische Wort »ADDapt« heißt, vollständig gelesen, so viel wie »adaptieren« oder »anpassen«.

Das ADDapt-Programm verringert

- auffälliges Verhalten;
- den Wunsch Ihres Kindes, immerzu im Zentrum Ihrer Aufmerksamkeit zu stehen;
- Trotz, Raufereien und Aggressivität.

Das ADDapt-Programm verbessert

- die Erledigung alltäglicher Aufgaben;
- das Abwartenkönnen;
- das Selbstbewusstsein;
- die Beziehungen zu Gleichaltrigen und Geschwistern.

Am wichtigsten von allem aber: Eltern berichten, dass unser Programm ihnen geholfen hat, die Harmonie wiederherzustellen, die nur zu oft während der ADS-Jahre gelitten hat.

Das ADDapt-Programm – nicht nur für ADS

Obgleich in erster Linie für Eltern mit einem ADS-Kind gedacht, haben sich viele der Techniken in diesem Buch als ebenso hilfreich für die Behandlung von Kindern mit anderen Verhaltensstörungen, insbesondere ADHS, erwiesen.

Wie dieses Buch Sie unterstützt

Dieses Buch ist so geschrieben, dass es sich leicht lesen lässt, also ohne wissenschaftlichen Jargon. Es ist vor allem praxisnah und soll Sie befähigen, die notwendigen Veränderungen selbst herbeizuführen. Auf diese Weise werden Sie selbst die »Expertin« oder der »Experte«. Bei jedem Schritt werden Ihnen die Techniken gezeigt, die Sie brauchen – welche es sind, wie sie funktionieren, wie sie angewendet werden –, und die positiven Ergebnisse, die Sie sowohl sofort wie auch langfristig erwarten können. Da wir annehmen, dass Sie dem Programm ohne Hilfe von außen folgen, handelt ein großer Teil des Buchs davon, wie Sie sich selbst helfen, ermutigen und Kraft geben können, um die ganze schwere Arbeit und vorübergehende Rückschläge durchzustehen.

Wie Sie dieses Buch am besten nutzen

Die Aufgaben und Übungen in diesem Buch sind die Frucht vieler Erfahrungen und reiflicher Überlegungen. Die Reihenfolge, in der Sie die Schritte tun, ist wichtig.

Ich kann mir vorstellen, dass es Sie lockt, gleich zu den Problemen vorzustoßen, unter denen sie am meisten leiden. Es ist immer eine Versuchung, in Selbsthilfebüchern die Teile zu übergehen, die weniger wichtig scheinen. Ich kenne das von mir selbst. Doch jeder Teil des Programms verfolgt einen besonderen Zweck. Versuchen Sie, nichts auszulassen. Aber wenn Sie es doch tun, dann kann es sich als nützlich erweisen, zu den übergangenen Teilen zurückzukehren, wenn Ihre Energie nachzulassen droht oder Sie das Gefühl haben, den Weg aus den Augen zu verlieren. Es wird sich als nützlich erweisen, dies in jedem Fall zu tun. Jeder Teil ist daraufhin konzipiert, wieder gelesen zu werden, wann immer Sie das Bedürfnis dazu verspüren.

Es gibt keinen Zeitrahmen, innerhalb dessen das ADDapt-Programm abgeschlossen werden muss. Jede Familie ist anders. Sie können am besten beurteilen, wann es Zeit ist, zum nächsten Schritt des Programms überzugehen. Gehen Sie in Ihrem eigenen Rhythmus vor. Wenn Sie in einem Teil des Programms auf eine unüberwindliche Schwierigkeit stoßen, geben Sie nicht auf. Machen Sie einfach weiter und kehren Sie später dazu zurück.

Kapitel 3
Warum nicht einfach Tabletten nehmen?

Dieses Kapitel erklärt, was Sie im Allgemeinen von einer medikamentösen Behandlung erwarten können und warum ich glaube, dass Medikation ein Teil, *aber nur ein Teil*, der umfassenden Behandlung von ADS ist. Zwar habe ich im vorhergehenden Kapitel große Dinge von unserem Programm versprochen, doch ich sage damit nicht, dass Sie es ohne Medikation durchführen sollen. Mit die besten Ergebnisse werden erzielt, wenn das ADS-Programm *und* Medikamente kombiniert werden.

Was Medikation leisten kann

Die Gründe, die dem schwer erträglichen Verhalten von ADS-Kindern zugrunde liegen, sind nach heute verbreiteter Ansicht in der Art ihrer Hirnfunktion zu suchen. Forscher finden mehr und mehr Belege dafür, dass die Hirne von ADS-Kindern sich geringfügig von denen anderer Kinder unterscheiden, indem sie entweder zu wenig oder zu viel von bestimmten chemischen Stoffen enthalten. Diese feinen Unterschiede scheinen dafür zu sorgen, dass ADS-Kinder leicht abzulenken, ungeduldig, unruhig und überaktiv sind und weniger die Folgen ihrer Handlungen bedenken als andere Kinder in ihrem Alter.
Tabletten wie Ritalin werden verschrieben, um diese chemischen Abweichungen im Hirn zu korrigieren. Sie bringen oft eine rasche Verbesserung in der Fähigkeit, zuzuhören und sich zu konzentrieren, sich aufmerksam mit einer Aufgabe zu beschäftigen und konstruktiv zu spielen. Solche Verhaltensänderungen können recht auffallend sein. Die Tabletten wirken sich manchmal auch auf aggressive Ausbrüche und Wutanfälle aus.

Die Grenzen der Medikation

Tabletten verbessern normalerweise immer nur einige Aspekte im Verhalten eines Kindes, aber kaum alle. Der Hauptnachteil der Medikamente ist also auch darin zu sehen, dass sie in der Regel nicht alle »schlimmen« Verhaltensweisen abstellen.

Viele Eltern erleben es als eine große Erleichterung, wenn die medikamentöse Behandlung beginnt. Die Hoffnung kehrt zurück. Doch kann nach meiner Erfahrung der anfängliche Optimismus ins Gegenteil umschlagen, wenn die Verhaltensprobleme, die sie zur Verzweiflung treiben, nicht aufhören.

Das Beispiel der Grams-Familie ist dafür typisch. Ullis Mutter Helen sagte:

»Nachdem man bei Ulli ADS diagnostiziert hatte, bekam er Ritalin. Es hatte eine große Wirkung auf ihn – auf seine Fähigkeit, sich an Sachen zu erinnern und still zu sitzen. Er wirkte einfach ruhiger. Aber in anderer Hinsicht änderte sich nichts. Wir hatten die gleichen alten Kämpfe. Die Tabletten hatten keinerlei Einfluss darauf, dass er immer unsere Aufmerksamkeit forderte, dass er zu seinem Bruder böse war, bei allem zuerst dran sein musste und um sich schlug und trat, wenn er seinen Kopf durchsetzen wollte.«

Die schlimmsten Aspekte im Verhalten des Kindes können sich dem Einfluss der Medikamente entziehen, weil sie tief eingewurzelte *Gewohnheiten* geworden sind. Harry zum Beispiel hat *gelernt*, wie er Situationen, die ihm nicht gefallen, bekämpfen kann. Auch mit den Medikamenten, die ihn befähigen, sich zu konzentrieren und sich an Dinge zu erinnern, wird er wahrscheinlich weiterhin kämpfen, bis er andere Verhaltensmöglichkeiten *lernt*.

Medikation kann Kinder befähigen, sich länger zu konzentrieren und besser zu lernen. Aber es muss ihnen auch geholfen werden, neue Verhaltensweisen zu lernen und die alten, zerstörerischen zu verlernen.

Wie sich ADS auf Ihr Kind auswirkt

Viele Probleme, die Sie mit Ihrem ADS-Kind erleben, erwachsen aus seiner Schwierigkeit, Regeln des Zusammenlebens zu erlernen. Wir mussten ja alle lernen, wie man sich am Essenstisch benimmt. Wir mussten alle lernen, dass nicht immer alles nach unserer Pfeife tanzt und dass andere Leute nicht immer sofort springen, wenn wir etwas wollen. Und wir mussten lernen, dass andere Menschen ebenfalls Bedürfnisse haben, die für sie genauso wichtig sind wie unsere für uns, und so weiter.

ADS lässt Kinder impulsiver, unaufmerksamer und hyperaktiver als andere Kinder werden, und diese Eigenschaften machen es ihnen viel schwerer, zu lernen, was sie lernen müssen, um mit anderen Menschen auszukommen. Tabletten können keine Fähigkeiten und Regeln vermitteln – was sie *können*, ist, Kinder so weit zu beruhigen, dass sie leichter lernen. *Aber sie müssen immer noch lernen. Und dies ist der Punkt, wo das ADDapt-Programm in Kombination mit den Medikamenten eingreift und das Training anbietet, das die Tabletten nun möglich gemacht haben.*

Kurz gesagt: Mein Ziel ist es, das Beste beider Welten zu vereinigen.

Die Debatte um ADS-Medikation

Es gibt Ärzte, die behaupten, Medikation sei die einzige Lösung, und die immerfort neue Tabletten und Dosierungen ausprobieren, um alle Aspekte des Verhaltens unter Kontrolle zu bekommen. Doch kann dies nach meiner Erfahrung zu einer Übermedikation führen, mit wachsenden Risiken und Nebenwirkungen. Ich halte es für einen Fehler, in Medikamenten die Lösung für alles zu sehen.

Wenn andererseits Eltern, die eher davor zurückscheuen, ihren Kindern Tabletten zu geben, mich fragen: »Sind Medikamente wirklich der schnellste und wirkungsvollste Weg zur Verbes-

Was Tabletten leisten und was nicht

Was sich wahrscheinlich ändern kann: Fähigkeiten und Eigenschaften	Was sich wahrscheinlich in gewissem Maß ändern kann	Was sich wahrscheinlich nicht ändern kann: erlerntes Verhalten
• Konzentrationsschwäche	• Impulsivität	• Suche nach Aufmerksamkeit
• unstrukturiertes Verhalten	• Hyperaktivität	• Trotz
• die Fähigkeit, aufzupassen	• Frustrationsanfälle	• starke Aggressivität und Boshaftigkeit
• die Fähigkeit, konstruktiv zu spielen		• Destruktivität
• die Fähigkeit, sich auf eine Aufgabe zu konzentrieren		• verbale Beleidigungen
• die Fähigkeit, auf das zu hören, was Sie sagen		• Verletzlichkeit
• die Fähigkeit, eine Aufgabe bis zum Ende durchzuführen		• unsoziales Verhalten
• Vergesslichkeit		• Wutanfälle

serung der Konzentration und Aufmerksamkeitsspanne meines Kindes?«, muss ich mit »Ja« antworten. Nach allem, was wir derzeit aus Forschung und klinischer Erfahrung wissen, ist es klar, dass Medikation die Bedingungen herstellen kann, unter denen neue Erziehungstechniken zum Erfolg führen.

Manche Eltern sind von der Wirkung der Medikamente so angenehm überrascht, dass sie alles Weitere für überflüssig halten. Wenn Medikamente allein für ihr Kind ausreichen, ist es gut und das ADDapt-Programm würde sich erübrigen. Aber wenn trotz der Tabletten die Beziehung zu Ihrem Kind weiterhin ein mühseliger Kampf ist, dann hat unser Programm Ihnen viel anzubieten.

Kapitel 4
Was macht das ADDapt-Programm?

In diesem Kapitel werde ich erklären, was Sie vom ADDapt-Programm erwarten können und was das Programm von Ihnen erwartet.

Das Programm basiert auf vier Grundsätzen:
1. Sie als Eltern haben den größten Einfluss auf das Verhalten Ihres ADS-Kindes (auch wenn Sie Medikamente benutzen, um sich die Aufgabe zu erleichtern).
2. Das Verhalten Ihres Kindes zu ändern ist möglich – wenn Sie wissen, wie.
3. Belohnungen, Ermutigung und Erklärung sind die Schlüssel zur Veränderung.
4. Auch Sie müssen einige neue Fähigkeiten und Verhaltensweisen lernen.

Wie funktioniert das ADDapt-Programm?

Das ADDapt-Programm setzt an der Stelle ein, wo Sie sich gerade befinden. Es geht davon aus, dass Sie und Ihr Kind einiges durchgemacht haben und dass bei Ihnen allen – Ihnen, Ihrem Kind, Ihrem Partner und jedem anderen Beteiligten – das Selbstbewusstsein erschüttert ist. Auch wenn ich Sie dazu anregen werde, die Art und Weise, wie Sie mit Ihrem ADS-Kind umgehen, kritisch zu betrachten, wird das ADDapt-Programm nie annehmen, Sie seien schlechte Eltern oder verantwortlich für den Zustand Ihres Kindes oder sein ungutes Verhalten.

Das Programm enthält erprobte Methoden. Es versucht, von Erfolg zu Erfolg, von positiver Erfahrung zu positiver Erfahrung voranzuschreiten. Es baut auf ermutigenden Ergebnissen und einem wachsenden Selbstvertrauen in Ihnen und Ihrem Kind auf. Dabei geht es gleichzeitig darum, *den Konflikt* zwischen Ihnen und Ihrem Kind auf einem möglichst niedrigen Niveau zu halten. Das ADDapt-Programm wird Sie nie auffordern, Ziele zu setzen, die für ein ADS-Kind realistischerweise nicht zu erreichen sind.

Das Rückgrat des ADDapt-Programms sind Belohnung, Ermutigung und Erklärung. So soll Ihnen geholfen werden, neue Wege zu finden, wie Sie alle miteinander gute und erholsame Stunden verbringen können, damit Sie alle sich wieder daran erinnern, wie sehr Sie sich lieben, und dass Sie Ihr Zusammensein genießen können. Die Verbesserung der Beziehung zu Ihrem Kind ist ein wesentlicher Teil des Programms, das mit der Verbesserung seines Verhaltens Hand in Hand geht.

Das ADDapt-Programm zeigt Ihnen, wie Sie Ihrem ADS-Kind helfen können, genau zu wissen und nicht zu vergessen, was es zu tun hat.

Das ADDapt-Programm entwickelt die Kunst des Lobens und Belohnens. Lob und Belohnung sind *die allerwichtigsten Faktoren* bei der Umkehrung der mit ADS verbundenen Verhaltensprobleme. Lob ist Ihre Geheimwaffe.

In dem Programm geht es nicht um Härte und strenge Kontrolle. Strafe ist kein Hauptmerkmal des Programms; es leugnet jedoch nicht, dass Sie zeitweise energisch und entschieden sein müssen – und es befähigt Sie dazu, energisch und entschieden zu sein. Das Programm gibt Ihnen also viele Mittel an die Hand, mit denen Sie sich selbst stärken können und die es Ihnen ermöglichen, standhaft zu bleiben, wenn Ihr Kind sich gegen die Veränderung wehrt.

Am wichtigsten: Das ADDapt-Programm gibt Ihnen die Mittel, den ganzen Prozess so zu gestalten, dass er Spaß macht.

Sie verfügen über alles, was man braucht

Sie müssen kein Einstein sein, um dem ADDapt-Programm zu folgen. Auch brauchen Sie keine Ausbildung in Psychiatrie, Psychologie oder Psychotherapie. Sie besitzen alle Eigenschaften und Qualifikationen, die Sie benötigen, um Veränderungsprozesse in Gang zu setzen und Erfolg zu haben.

Wenn Sie liebevolle und engagierte Eltern sind, begierig zu sehen, dass sich die Aussichten Ihres Kindes verbessern, wenn Sie Ihrem Kind wieder näher sein wollen und entschlossen sind, sein Verhalten unter Kontrolle zu bekommen, dann haben Sie alles, was Sie brauchen, und mehr. Mein Rat ist: Glauben Sie an sich selbst und haben Sie Vertrauen in Ihre Fähigkeit, Veränderungen herbeizuführen. Denken Sie daran: Wenn Sie es bis hierher mit Ihrem Kind geschafft haben, dann werden Sie auch das ADDapt-Programm schaffen.

Das ADDapt-Programm funktioniert!

Das ADDapt-Programm ist eine Herausforderung, aber ich verspreche Ihnen, dass der Lohn für Ihre Ausdauer die Mühen allemal wert ist. Wie unveränderbar das Verhalten Ihres Kindes bis jetzt auch gewirkt haben mag, Veränderung ist möglich. *Die Vergangenheit ist nicht wie die Zukunft.*

Was das ADDapt-Programm von Ihnen erwartet

Der Schlüssel zum Erfolg dieses Programms beruht auf vier goldenen Grundregeln. Sie müssen sich zunächst dieser Regeln genau bewusst sein, bevor Sie mit dem Programm beginnen, und dann *müssen Sie sich an sie halten*, wenn Sie die 12 Schritte des Programms befolgen.

1. Seien Sie nicht zu streng mit sich selbst!
2. Seien Sie bereit, sich zu ändern!
3. Halten Sie durch und haben Sie Geduld!
4. Seien Sie konsequent!

Dies sind wichtige Faktoren, deshalb lassen Sie mich jeden einzelnen genauer betrachten. Damit verfolge ich den einfachen Zweck, Ihr Denken in die richtige Richtung zu lenken, so dass Sie erfolgreich beginnen und das Beste aus dem Programm machen können.

Die Goldenen Regeln

Die Kapitel 5 bis 8 beabsichtigen, Sie mental einzustimmen, damit Sie das ADDapt-Programm erfolgreich benutzen können. Wir beginnen mit den vier goldenen Regeln, die für einen Erfolg wesentlich sind. Sie können jederzeit zu diesen Kapiteln zurückkehren, insbesondere dann, wenn Ihre Energie oder Ihr Durchhaltevermögen nachzulassen drohen oder Sie das Gefühl haben, sich zu verirren.

Kapitel 5
Seien Sie nicht zu streng mit sich selbst

Goldene Regel Nr. 1: Seien Sie nicht zu streng mit sich selbst!

Es wird Ihnen auf dieser Reise nicht weiterhelfen, wenn Sie sich Vorwürfe machen, Schuldgefühle haben und sich als Versager fühlen. Das ADDapt-Programm ist eine so anspruchsvolle Wegstrecke, dass nicht auch noch ein Rucksack voller Schuldgefühle mitgeschleppt werden muss. Jedes Mal, wenn Sie dies zu vergessen drohen, lesen Sie diesen Teil erneut.

Schuld – davon gibt es viel

Ich habe noch nie Eltern eines ADS-Kindes getroffen, die sich nicht irgendwann wegen der Erziehung ihres Kindes schuldig gefühlt hätten. Eltern sagen immer wieder, dass sie sich oft Vorwürfe machen und sich auch von anderen wegen der Verhaltensprobleme ihres Kindes kritisiert fühlen. Sie haben oft das Gefühl, dass die Probleme von ihnen herrühren; manchmal geht das so weit, dass sie sich Gedanken darüber machen, ob sie vielleicht ihrem Kind ADS »vererbt« haben.

Schuldgefühle helfen nicht

Wenn Sie sich schuldig fühlen, nutzt das Ihrem Durchhaltevermögen wenig. Bei einem Programm wie unserem, bei dem Sie an sich selbst glauben müssen und daran, dass Sie Erfolg haben können, hindern diese Schuldgefühle Sie daran, zu handeln, und stören Ihre Fähigkeit, beharrlich bei der Sache zu bleiben. Die größte Gefahr, die Selbstanklagen und Schuldgefühle mit sich bringen, ist, dass sie Sie möglicherweise daran hindern, die Entschlossenheit und Zielstrebigkeit aufzubringen, deren es bedarf, um ein solches Programm zu beginnen und es bis zum Ende durchzuführen.

Falsche Botschaften

Woher also kommen die Schuldgefühle und wie können Sie sie neutralisieren? Es gibt eine Menge unsinniger Geschichten und negativer Vorstellungen über Eltern, die ADS-Kinder haben. Diese sind es, die viele der Selbstanklagen und Schuldgefühle auslösen. Hier einige der verbreiteten falschen Ansichten über ADS:

1. Die Eltern von ADS-Kindern haben keine Ahnung, wie man Kinder bändigt.
2. Kinder haben ADS-Probleme, weil ihre Eltern nicht an einem Strang ziehen.
3. Die Eltern von ADS-Kindern schieben immer alles ihren Kindern in die Schuhe und fassen sich nie an die eigene Nase.
4. Die Eltern von ADS-Kindern merken nicht, was sie alles falsch machen.
5. Die Eltern von ADS-Kindern hatten wahrscheinlich selbst eine schlechte Erziehung.
6. Die Eltern von ADS-Kindern benutzen ADS als Entschuldigung dafür, dass sie nicht in der Lage sind, ihre Kinder richtig zu erziehen.

Wer auch nur an eines der obigen Phantasiegebilde glaubt, der lebt fern jeder Realität. Jede der Familien, mit denen ich gearbeitet habe, war mit einer oder mehreren der obigen Aussagen konfrontiert worden – manchmal in Fachchinesisch verkleidet, was aber auch nichts anderes meinte als: »Sie sind daran schuld!« Was, so frage ich mich, sollen Eltern empfinden, wenn sie mit einer solchen Fehlinformation konfrontiert werden? Sollen sie dadurch innerlich gestärkt werden und das Selbstvertrauen in ihre Fähigkeit gewinnen, das Verhalten ihrer Kinder zu ändern? Natürlich nicht.

Wenige Menschen, die das Problem nicht aus nächster Nähe kennen, können verstehen, wie explosiv und schwierig ein ADS-Kind sein kann. Ein ADS-Kind kann Sie müde, reizbar und frustriert machen, so dass es nur wenig braucht, bis bei Ihnen die

Sicherungen durchbrennen. Diese emotionalen Belastungen entstehen durch die Anforderungen, die das Verhalten Ihres Kindes an Sie stellt. Sie beeinflussen auch Ihr Verhalten dem Kind gegenüber. Sie und Ihr Kind können so in einen verhängnisvollen Kreislauf von Konfrontationen und Konflikten geraten. Alles das ist dazu angetan, Schuldgefühle hervorzurufen – insbesondere wenn Sie merken, dass Sie sich Ihrem Kind gegenüber verhalten, wie Sie es eingestandenermaßen nicht tun sollten.

Aber das macht aus Ihnen noch keine schlechten Eltern – sondern nur *normale Eltern unter extremem Stress.* Streng und negativ auf Ihr Kind zu reagieren ist für die ADS-Situation *symptomatisch*, aber es ist *nicht* ihre Ursache.

Sie tragen keine Schuld

In meiner klinischen Arbeit habe ich gelernt, dass das exakte Gegenteil jener Vorurteile zutrifft.

Die Eltern, mit denen ich zu tun habe, sind gute, kompetente Menschen, denen das Wohlergehen ihrer Kinder am Herzen liegt. Sie unterscheiden sich bezüglich ihrer Fähigkeiten, ihrer Toleranz und Geduld nicht von anderen Eltern. Sie stehen nur einfach viel schwereren Problemen gegenüber als andere, weil *ADS ein Erziehungsalptraum sein kann.* Ein ADS-Kind zu erziehen kann extremen Stress über eine Familie bringen. Die Eltern erfahren nie die Genugtuung, dass ihr Kind folgsam ist, durch Vorbild lernt oder sich mit normalem Lob zufrieden gibt. Im Laufe der letzten zehn Jahre habe ich gestaunt, welche Zähigkeit und Geduld Eltern Kindern gegenüber aufgebracht haben, deren Verhalten einen Heiligen auf die Probe gestellt hätte.

Die »normale« gute Erziehung funktioniert bei ADS-Kindern nicht. Ihre Eltern brauchen besondere Fähigkeiten, um mit dem Verhalten ihres Kindes zurande zu kommen, aber es ist nicht die Schuld der Eltern, wenn sie nicht darüber verfügen. Nach meiner Ansicht liegt die Sache so: Als ihr Kind zur Welt kam, konnten sie nicht wissen, dass sie alles würden lernen müssen, was sie jetzt über ADS wissen. Dass ADS-Kinder hyperaktiv sind, dass sie handeln, ohne die Folgen zu bedenken, immer wieder von neuem an alles erinnert werden müssen, anscheinend nicht zuhören, vergessen, was nur zwei Minuten vorher gesagt wurde, rein impulsiv handeln, auch wenn es ihnen hundertmal verboten wurde, macht es unmöglich, die üblichen Erziehungsmethoden sinnvoll anzuwenden.

Wie wir uns von den Schuldgefühlen lösen

Eltern müssen gesagt bekommen, was sie richtig machen.
Denken Sie an all die Dinge, die *Sie* richtig machen. Zum Ersten lieben Sie Ihr Kind. Ich glaube, dass die Kämpfe zwischen ADS-Kindern und ihren Eltern fast immer ein Ausdruck der Liebe seitens der Eltern sind. Zum Beispiel bestehen Eltern darauf, dass ihre Kinder leise reden, nicht zappeln und herumrennen, um sicherzugehen, dass ihr Kind in der Erwachsenenwelt akzeptiert wird – wo nun mal, ob zu Recht oder zu Unrecht, Kinder nach solchen Kriterien beurteilt werden. Wenn man Kinder Disziplin und Grenzen erfahren lässt, dann hilft ihnen das bei der Entwicklung ihrer Selbstbeherrschung. Es ist ein Handeln aus *Liebe*. Ein Kind muss wissen, dass das Respektieren anderer zum Respektiertwerden führt.
Zum Zweiten haben Sie immer zu Ihrem Kind gehalten. Weil nur wenige Menschen das volle Ausmaß des ADS-Verhaltens kennen, urteilen sie vorschnell. Nur sehr wenigen Eltern von ADS-Kindern wird die Anerkennung entgegengebracht, die sie dafür verdienen, dass sie mit den Problemen so gut fertig geworden sind wie bisher. Dafür, dass sie nicht aufgegeben haben – obwohl sie manches Mal dazu versucht waren. Unter schwierigen Bedingungen kämpfen sie weiter, um Veränderungen zu erreichen, im Interesse ihres Kindes und ihrer Familie.
Zum Dritten haben Sie einen wesentlichen Schritt vorwärts getan, indem Sie dieses Buch lesen und sich motiviert fühlen, etwas Neues zu probieren. Noch besser wird es sein, wenn Sie zur

Tat schreiten, beharrlich dabei bleiben und wirkliche Fortschritte erzielen. Das Programm wird Ihnen dabei zur Seite stehen. Und schließlich sind Sie dabei, sich selbst zu einem Experten im Umgang mit ADS auszubilden.

☑ **Tipps für den Erfolg**

- Glauben Sie an sich selbst!
- Vertrauen Sie auf Ihre Fähigkeit, Veränderungen herbeizuführen!
- Denken Sie daran, dass Sie über alle Qualifikationen verfügen, die Sie benötigen, um dieses Problem zu lösen. Ihr Motto sollte von jetzt an lauten: »Die Vergangenheit ist nicht wie die Zukunft!«
- Brauchen Sie hierfür eine Gedächtnisstütze? Lesen Sie dieses Kapitel immer wieder, wenn Sie merken, dass Sie sich selbst unter Druck setzen!

Kapitel 6
Seien Sie bereit für Veränderungen

Goldene Regel Nr. 2: Seien Sie bereit, sich zu ändern!

Das ADDapt-Programm dreht sich um Veränderungen – Veränderungen in der Art, wie Sie und Ihr Kind sich verhalten. Solche Veränderungen zu bewerkstelligen ist immer schwierig. Ich bitte Sie, sich mit der Herausforderung zu konfrontieren, Dinge anders als bisher zu tun.

Doch ich kann nicht genug betonen, dass die Aufforderung, sich zu verändern, keineswegs bedeutet, dass Sie bisher schlechte Eltern oder unzulängliche Menschen gewesen sind. Und die Tatsache, dass ich Sie bitte, einige neue Verhaltensweisen auszuprobieren, heißt nicht, dass ich Sie für dumm oder gleichgültig halte, weil Sie sie nicht schon längst praktizieren. ADS kostet die Eltern viel Nerven. Das Trotzverhalten der Kinder liegt häufig über der Toleranzgrenze. Es ist nur natürlich, dass Sie das Vertrauen in einige Aspekte Ihrer Kompetenz als Eltern verloren haben, insbesondere in Ihre Fähigkeit, eine Veränderung im Verhalten Ihres Kindes zu bewirken. Schließlich versuchen Sie das ja schon seit geraumer Zeit mit wenig Erfolg. Aber keine Sorge – wenn Sie erst einmal genau wissen, was zu tun ist, werden Sie Fortschritte erzielen.

Und wenn Sie weiterhin diese negativen Botschaften empfangen, dann empfehle ich Ihnen, noch einmal Kapitel 5 durchzulesen: »Seien Sie nicht zu streng mit sich selbst!«

Das ADDapt-Programm und das Problem der Veränderung

Das ADDapt-Programm kann Ihr Leben verändern – vorausgesetzt, Sie wenden es mit Engagement und Ausdauer an. Wahrscheinlich versuchen Sie schon seit einiger Zeit, eine Veränderung herbeizuführen, und ein Wunsch nach Änderung ist wohl auch der Grund, warum Sie dieses Buch lesen. Doch allzu oft lassen Eltern sich entmutigen, wenn die ersten Rückschläge und kleinere Probleme auftreten. Ich habe mir die Gründe genau angesehen, warum sie den Mut verlieren, wenn es darum geht, die entscheidenden Änderungen herbeizuführen, die notwendig sind. Ich habe Familien interviewt, um herauszufinden, was in den ersten Wochen des Programms geschah, und was ich herausfand, war sehr bezeichnend. Drei Faktoren, so scheint es, tragen dazu bei, dass Eltern frühzeitig aufgeben:

- ambivalente Gefühle gegenüber der ADS-Diagnose;
- die Eltern haben Schwierigkeiten, an einem Strang zu ziehen;
- die Eltern halten an der gewohnten Art, ihre Kinder zu disziplinieren und zu strafen, fest.

Die Grundlagen, die Sie jetzt und hier brauchen

Ich möchte jetzt, dass Sie, ausgestattet mit Ihrem neuen Wissen, drei wichtige Veränderungen vornehmen – wenn Sie es nicht schon getan haben –, um für sich und Ihr Kind das Beste aus dem ADDapt-Programm herauszuholen.

 1. Akzeptieren Sie, dass ADS Ihr Leben und das Ihres Kindes verändert hat. Sie müssen die Tatsache vollkommen akzeptieren, dass Ihr Kind ADS hat.

Wenn Sie oder Ihr Partner insgeheim glauben, dass ADS keine Störung ist, sondern das Ergebnis schlechter Erziehung, dann wird es schwer, sich auf das ADDapt-Programm ganz einzulassen. Wenn irgendjemand in Ihrer Familie an dem Glauben festhält, dass im Grunde alles in Ordnung ist oder dass der Fehler beim Kind liegt – »Es ist nur ein verschlagenes, sich in den Mittelpunkt spielendes Blag, das eine tüchtige Tracht Prügel braucht«, zum Beispiel –, wird er oder sie an alten Reaktionsmustern fest-

34

halten. In der Regel läuft dies darauf hinaus: härtere Disziplinierung und verächtliche Kommentare!

2. Arbeiten Sie zusammen. Beim ADDapt-Programm müssen alle Erwachsenen im Leben des Kindes eine einheitliche Front aufbauen und aufrechterhalten.
Wenn Sie also Ihr Kind zu zweit erziehen und mit dem, was das ADDapt-Programm alles mit sich bringt, nicht völlig übereinstimmen, dann wird eine Zusammenarbeit schwierig. Wenn Sie nicht zusammenarbeiten, wird das Programm vielleicht gar nicht funktionieren. Unstimmigkeiten werden die Spannungen und Konflikte noch vermehren. Wenn dies ein mögliches Problemfeld für Sie ist, dann müssen Sie sich *jetzt* damit beschäftigen. Der Anhang 1, »Zusammenarbeit in der Partnerschaft«, geht speziell auf diese Themen ein, behandelt die Probleme im Einzelnen und bietet Hilfsstrategien an.

3. Seien Sie bereit, überkommene Strafmethoden aufzugeben. Wenn Ihre bisherige Form des Strafens bei Ihrem Kind etwas ausrichten würde, dann hätte sie es längst getan!
Manche Eltern versuchen mit Ohrfeigen und Gebrüll ihren Kindern Regeln beizubringen, aber ADS-Kinder bekommen von beidem oft ein übermäßiges Quantum ab. Und das ist alles andere als wünschenswert.

Eltern, die mit dem ADDapt-Programm arbeiten, haben mir gesagt, dass sie erst dadurch gemerkt hätten, wie negativ und strafend ihre Erziehungsweise geworden war. Diese Erkenntnis kann Unbehagen auslösen. Versuchen Sie, dass daraus kein Schuldgefühl erwächst (siehe Kapitel 5). Diese Schuldgefühle können Sie davon abhalten, das Problem praktisch anzugehen. Denken Sie immer daran: Sie haben Ihr Bestes getan.
Das Beste, was Sie tun können, um Ihre Schuldgefühle zu neutralisieren, ist, *Ihre alten Strategien zur Seite zu legen und mit neuen zu experimentieren.* Das bedeutet, dass Sie auf Ohrfeigen

und dergleichen verzichten und Schimpfen und Strafen weitestmöglich einschränken. Das kann schwerfallen. Einige der Alternativen, die ich anbiete, mögen auf den ersten Blick eher seltsam erscheinen, aber urteilen Sie nicht zu schnell. Bitte, wagen Sie einen Versuch mit ihnen – und sehen Sie, wie wirkungsvoll sie sein können!

ADS-Kinder und Veränderungen: Rechnen Sie mit Widerstand

Ich will Ihnen nicht verschweigen, dass Ihr Kind sich gegen Veränderungen wehren wird. Veränderungen bringen Konflikte. Zwar habe ich das Programm so aufgebaut, dass Konflikte auf ein Minimum reduziert und Sie instand gesetzt werden, mit ihnen umzugehen, doch es wird sicher Konflikte geben. Manchmal werden Sie das Gefühl haben, das Programm würde Sie eher zurückwerfen statt voranbringen; lassen Sie dennoch nicht ab, und haben Sie Geduld (siehe Kapitel 7).

 Tipps für den Erfolg

- Um mit dem Problem ADS fertig zu werden, ist die erste und wichtigste Regel: Seien Sie flexibel und offen für neue Ideen.
- Gestehen Sie sich ein, dass es mit Ihrem Kind Probleme gibt – und sie heißen ADS –, für die es nichts kann und die Sie allein nicht aus der Welt schaffen können.
- Bereiten Sie sich darauf vor, Ihre bisherigen Strafmethoden aufzugeben und neue Mittel zu akzeptieren.
- Gewinnen Sie Ihren Partner oder Ihre Partnerin (wenn Sie einen/eine haben) dazu, mit Ihnen als Team zusammenzuarbeiten.

Entscheidungs-Übung

Bevor Sie sich auf eine neue Veränderung einlassen, kann es hilfreich sein, an erfolgreiche Veränderungen zu denken, die Sie in der Vergangenheit vorgenommen haben.

Versuchen Sie ein oder zwei gute Entscheidungen zu schildern, die zu Veränderungen führten – einen eigenen Hausstand zu gründen, ein Haus zu erwerben oder eine neue Wohnung zu beziehen, die beste Schule für Ihr Kind zu finden –, und schreiben Sie auf, welchen Erfolg Sie dabei hatten. Sie werden überrascht sein, wie eindrucksvoll es sich schwarz auf weiß ausnimmt. Versuchen Sie, es einem Freund oder Partner zu erzählen, oder denken Sie einfach eine Weile darüber nach.

Was immer Sie auswählen, stellen Sie eine Liste auf: welche Widerstände Sie überwanden, was es Sie gekostet hat, diese Veränderungen vorzunehmen, wie Sie es vermieden, Ihre Entschlossenheit zu verlieren, und wie Sie es hinbekamen, Ihre Vorstellungen in die Tat umzusetzen.

Entscheidung 1

....

....

....

....

....

....

....

....

Entscheidung 2

✏ ....

....

....

....

....

....

....

....

....

....

....

Kapitel 7
Halten Sie durch und haben Sie Geduld

Goldene Regel Nr. 3: Halten Sie durch, und vor allem haben Sie Geduld!

Das Geheimnis des Erfolgs liegt in der Ausdauer: Bleiben Sie dran, tagaus, tagein; Stunde um Stunde. Das ADDapt-Programm wird Ihnen helfen, das verspreche ich, aber auch mit den erprobten Methoden des Programms berichten Eltern oft von Rückschlägen und Entmutigungen. Wenn Sie Ihre Zuversicht verlieren, wenn Sie aufhören und dann wieder anfangen, verliert das Programm an Effektivität und Ihr Kind gerät durcheinander.

»Dieses Buch kann Ihr Leben verändern«

Wie oft haben Sie diesen Satz schon auf dem Umschlag eines Selbsthilfebuchs gelesen? Tatsächlich aber werden 70 Prozent der Selbsthilfebücher aller Art – von der Diät bis zur Karriere – nicht bis zum Ende gelesen. Diese Bücher sind nicht unbedingt schlecht geschrieben oder irreführend. Die Menschen beginnen sie mit der besten Absicht zu lesen, verlieren dann aber das Interesse und legen sie beiseite.

Jegliche Veränderung, von der Gewichtsabnahme bis zum Aufhören mit dem Rauchen, erfordert entschiedenes, ausdauerndes Engagement, und jedem von uns fällt es schwer, alte Gewohnheiten aufzugeben. Nur ein Buch zu lesen – selbst es ganz durchzulesen! – reicht da nicht aus; kleinere Probleme und Rückschläge sind ein unvermeidlicher Teil jeglicher Veränderung.

Nicht nachlassen

Die Versuchung ist groß, das Programm zu beenden, wenn die Dinge sich zu bessern beginnen – das liegt in der menschlichen Natur. Vielleicht bittet Sie Ihr Kind, das Programm aufzugeben, und verspricht dafür, von nun an »brav« zu sein. Das steht Ihnen frei, aber denken Sie daran: Nach einem positiven Beginn die Richtung zu wechseln ist für Ihr Kind sehr verwirrend. Es wird ihm den Eindruck vermitteln, dass Sie im Grunde gar keine Änderungen in Ihrem Verhalten wollen und alles so lassen möchten wie bisher. Das aber ist nicht das Beispiel, das Sie geben wollen.

Ich habe keinen Zweifel, dass es Zeiten geben wird, in denen Sie mit Energie und Leidenschaft an die Aufgaben herantreten werden, und andere, in denen Sie es mutlos und halbherzig tun. Doch das spielt in Wahrheit keine Rolle. Was zählt, ist nur, dass *Ihr Kind sieht, dass Sie durchhalten und Ihrer Idee treu bleiben*, wenn es viel einfacher wäre, aufzugeben.

Haben Sie Geduld

Die eigentliche Herausforderung ist es, bei dem eingeschlagenen Weg zu bleiben, auch wenn der Fortschritt auf sich warten lässt. Die Veränderung kommt nicht über Nacht, und Sie alle müssen sich an neue Vorstellungen gewöhnen und sich alte Verhaltensweisen abgewöhnen.

Hüten Sie sich vor der inneren Stimme, die Ihnen rät, rückfällig zu werden

Seien Sie besonders vorsichtig, wenn die Stimmen, die Ihnen zum Rückfall raten, die lautesten sind. Zum Beispiel:
- wenn Sie einen langen Tag mit den Kindern oder einen schweren Arbeitstag hatten;

- wenn niemand Verständnis dafür zeigt, wie schwer Sie es haben;
- wenn Sie Unmengen zu tun und keine Zeit für sich selbst haben.

Solche Zeiten, in denen Ihnen am stärksten nach Aufgeben zumute ist, bergen vielleicht den Schlüssel für einen Neuanfang. Sehen Sie sich die Beispiele an, die ich gerade gegeben habe. Frustration und Verzweiflung sind die beherrschenden Gefühle in solchen Momenten. Diese Gefühle haben einen sonderbaren Einfluss auf unser Urteilsvermögen. Nach meiner klinischen Erfahrung geben viele Eltern gerade an dem Punkt auf, wo sie kurz davor stehen, mit ihrem Kind entscheidende Fortschritte zu machen. Oft ist die wirklich harte Basisarbeit getan und das Elend durchgestanden, doch Frustration und Verzweiflung rufen Reaktionen in uns hervor, die unser Urteilsvermögen trüben, so dass wir die kleinen Anzeichen übersehen, die eine Wandlung ankündigen. Versuchen Sie also, den Wunsch aufzugeben als ein Zeichen zu verstehen, dass Sie wirklich dabei sind, dem Problem zu Leibe rücken.

Ich weiß, dass es extrem schwer ist, weiterzumachen, wenn man Überdruss empfindet. Aber versuchen Sie, den Fortschritt als unterschwellige Botschaft wahrzunehmen, und kämpfen Sie gegen die Versuchung an, aufzugeben – wie stark sie auch sein mag.

Sich im Vorhinein auf diese Probleme vorzubereiten kann Ihnen helfen, gewappnet zu sein, wenn eine solche Herausforderung auftaucht.

Lösungs-Übung

Können Sie sich erinnern, ob es gewisse Gefühle oder Umstände gab, die Sie veranlassten, eine einmal gefasste Entscheidung zurückzunehmen (z. B. abzunehmen, Gymnastik zu
treiben oder weniger fernzusehen)? Schreiben Sie das Geschehen auf und, wenn Sie können, die Gefühle, die zur Aufgabe
Ihres Entschlusses führten. Wenn Sie zusammen mit einem
Partner erziehen, versuchen Sie diese Übung gemeinsam aus-
zuführen.

....

....

....

....

....

....

....

....

....

....

....

Lesen Sie noch einmal durch, was Sie geschrieben haben. Sie
haben diese Gefühle immer wieder kennen gelernt. Sie bilden
Ihr persönliches Reaktionsmuster auf große Anstrengungen –
seien Sie auf der Hut, wenn solche Gefühle sich einschleichen,
während Sie das ADDapt-Programm durchführen.

Kapitel 8
Seien Sie konsequent

Seien Sie konsequent in dem, was Sie sagen und tun. Seien Sie konsequent in der Art und Weise, wie Sie das ADDapt-Programm anwenden. Seien Sie zusammen mit Ihrem Partner bzw. Ihrer Partnerin konsequent – arbeiten Sie als gemeinsames Team.

Inkonsequenz und ADS

Für alle Eltern ist es eine der schwersten Aufgaben, im Umgang mit ihren Kindern immer konsequent zu sein. Es lässt sich nicht leugnen, dass es Zeiten gibt, in denen wir alle die Leitlinien unserer Erziehung aus den Augen verlieren und uns inkonsequent verhalten. Zum Beispiel:

- Wir werden wütend und vergessen am Ende, was (welche Verhaltensmaßregel) wir dem Kind aufgetragen haben.
- Wir sorgen nicht immer dafür, dass unsere Maßregeln befolgt werden.
- Wir drohen mit: »Tu das noch mal und du kommst ins Bett!« oder »Das sage ich deinem Vater, wenn er nach Hause kommt« und dann tun wir nichts dergleichen.

ADS-Kinder sind besonders empfänglich für solche Inkonsequenz. Sie empfinden uneindeutige Anweisungen als verwirrend. Es kann sein, dass sie Sie herausfordern, einfach um zu testen, was hinter Ihren widersprüchlichen Aussagen und Handlungen tatsächlich steckt. Konsequent zu sein ist Ihr Hauptinstrument, um hier Abhilfe zu schaffen.

1. Seien Sie konsequent bei dem, was Sie sagen und tun

Bedenken Sie, dass alle kleinen Kinder, insbesondere Kinder mit ADS, Sie beim Wort nehmen. Als Erwachsene erwarten wir oft nicht, beim Wort genommen zu werden. Eine ungewöhnliche Drohung wie die beiden oben genannten kann einfach nur als Ausdruck unserer Wut oder Frustration gemeint sein.

Ein ADS-Kind kann das nicht erkennen. Es wird verwirrt sein, wenn Sie nicht tun, was Sie sagen. Und das Gleiche gilt für Lob und Belohnungen. Wenn Sie einmal mit einem positiven Wandel angefangen haben, dann müssen Sie auch dabeibleiben.

Die beste Strategie ist: Sprechen Sie keine Drohungen aus, geben Sie keine Versprechen und starten Sie nichts, was Sie nicht auch durchhalten können.

2. Seien Sie konsequent in der Anwendung des ADDapt-Programms

Weil Konsequenz so wichtig ist, gebe ich Ihnen den ernsten Rat, der Versuchung zu widerstehen, andere Strategien oder Techniken auszuprobieren, die Ihnen von Freunden oder Verwandten empfohlen werden, solange Sie mit diesem Buch arbeiten. Ich behaupte nicht, dass ich alle Antworten gefunden hätte und dass niemand sonst ebenso gute Ideen hätte. Was ich Ihnen ans Herz lege, ist: Probieren Sie immer nur eine Sache zu einer Zeit. Wenn Sie das nicht tun, können Sie Ihr Kind hoffnungslos verunsichern und fangen dann wieder ganz von vorne an.

3. Seien Sie gemeinsam konsequent

Das ADDapt-Programm funktioniert gleich gut für Alleinerziehende und für Paare (und für jeden anderen in der Rolle des primären Erziehers). Doch ich muss betonen, dass es dort, wo zwei oder mehr Leute am Erziehungsprozess beteiligt sind, von entscheidender Bedeutung ist, dass alle gemeinsam konsequent sind in dem, was sie sagen und tun, stets die gleichen Strategien befolgen und sich so gegenseitig unterstützen.

Das
ADDapt-Programm

1. Schritt
Die Kraft, um durchzuhalten

Meinen Glückwunsch, Sie haben es so weit geschafft! Klopfen Sie sich selbst auf die Schulter. Lassen Sie uns nun mit dem Programm beginnen. Schritt 1 wendet sich an *Sie selbst* und hilft Ihnen, sich auf die vor uns liegenden Aufgaben vorzubereiten. Wann immer Sie das Gefühl haben, dass Ihre Entschlossenheit nachlässt, kehren Sie zu diesem Kapitel zurück, um Ihre Energie frisch aufzutanken.

Im ersten Schritt des Programms werden Sie

- lernen, wie Sie Ihre eigenen starken Motivkräfte entwickeln – und zwar solche, die für Sie am wirkungsvollsten sind;
- neue Techniken lernen, wie Sie sich, wann immer Sie es brauchen, selbst mit Kraft versehen.

Ich gebe Ihnen

- genaue Anweisungen, was Sie tun sollen;
- Tipps, um Fallstricke zu vermeiden;
- Tipps, um einen guten Start in das Programm zu haben.

Motivkräfte: unsere natürliche Verteidigungsmaßnahme

Was sind Motivkräfte? Motivkräfte sind Botschaften in unseren Köpfen, die uns sagen: »Alles in allem geht es dir gut. Die Dinge laufen gut. Wir tun unser Bestes. Du wirst nicht aufgeben, nur weil …« Überzeugungen wie diese funktionieren wie ein emotionales Immunsystem, um unseren Durchhaltewillen zu stärken und unsere Entschlossenheit zu festigen. Sie statten uns mit der Energie und Leidenschaft aus, mit denen wir uns an Aufgaben machen, an die wir glauben. Es sind prägnante Aussagen oder mentale Slogans, die auf den Punkt bringen, was in unserem Leben wichtig ist und im Leben derer, die uns nahe sind. Therapeuten nennen sie »Anker«, weil sie die benötigte Emotion oder Energie mit dem Slogan oder der Idee verankern. Unsere Fähigkeit, im Leben zwischen Frustration und Freude ein Gleichgewicht herzustellen, mag sehr wohl von diesen natürlichen Verteidigungsmaßnahmen abhängen, mit denen wir uns gegen Negativität und Selbstzweifel schützen.

Hüten Sie sich vor Kräften, die demotivieren

Solche Kräfte üben natürlich eine gegenteilige Wirkung auf Sie aus. Sie zehren Ihre Energie und Entschlusskraft auf. Diese negativen Überzeugungen unterhöhlen Ihre Entschlossenheit, indem sie sagen: »Du schaffst es sowieso nicht« oder »Du hast keinen Mumm« oder »Warum musste dir das passieren?«. Sowie diese Art der Selbstansicht einmal von Ihnen Besitz ergriffen hat, kann sie Ihre Leistungsfähigkeit herabmindern. Demotivierende Kräfte dienen keinem nützlichen Zweck, sie sind nur schrecklich lästig und unkonstruktiv.

Stärken Sie Ihr Motivationssystem

Ihr Vertrauen in das ADDapt-Programm kann ins Schwanken geraten, wenn Sie Rückschläge erleiden. In solchen Momenten müssen Sie sich an die Überzeugungen erinnern, die Sie zu Anfang motivierten und die Sie so weit gebracht haben, wie Sie bereits gekommen sind.

Sie können Ihr Bewusstsein trainieren, Ihnen wieder auf die Sprünge zu verhelfen, indem Sie sich an die Ziele erinnern, die Sie sich gesteckt haben, und an die Gründe, die es dafür gibt. Genau das leisten Motivkräfte. Gedanken wie »Für mein Kind tue ich alles«, »Meine Kinder stehen für mich an erster Stelle«, »Ihr Glück ist mir das Wichtigste« spornen Sie an, sich erneut anzustrengen, wenn Ihr Schwung zu erlahmen droht. Es geht also darum, die Motivkräfte zu finden, die für Sie die richtigen sind. Das ist eine sehr persönliche Angelegenheit. Was den einen motiviert, bewirkt beim anderen das Gegenteil, aber im Allgemeinen sind Botschaften, in denen es darum geht, etwas Positives zu erreichen, besser als Botschaften, in denen es um die Vermeidung schlechter Dinge geht. Hier einige Vorschläge, wie Sie sich der Sache annähern können. Zunächst treffen Sie Aussagen, die Positives hervorheben:

- über Sie selbst;
- über Ihr Kind;
- über Ihre Beziehung oder den Spaß, den Sie zusammen haben.

Dann versuchen Sie, das Wesentliche dieser Gedanken in einem knappen Satz oder Slogan zu formulieren, der für Sie Bedeutung hat. Hier einige Beispiele:

Mögliche Motivkräfte	Vorsicht vor potenziellen Kräften, die demotivieren
Für Sie selbst:	
»Ich habe meinen Kindern immer 110 Prozent gegeben.« »Wenn mich etwas aufhält, gehe ich eben darum herum.« »Ich lasse nie etwas unversucht.« »Ich bin ein Sieger-Typ.« »Wenn ich erst mal weiß, wohin ich gehe, dann komme ich auch irgendwie hin.«	»Keiner kümmert sich um sie außer mir.« «Mein Kind hat ja nur noch mich.« »Schlechter geht's nicht, also kann es mir nur noch besser gehen.« »Wir werden ja sehen, aber …«

Über Ihr Kind:	
»Sie wird's noch allen zeigen.« »Er würde sein letztes Hemd für mich hergeben.« »Sie kann nicht genug für mich tun, wenn ich krank bin.« »Er gibt nie auf und kommt immer wieder auf die Beine.«	»Er hat auch gute Seiten – man muss nur sehr danach suchen.« »Sie kann ein Engel sein – wenn sie nur will.« »Für andere tut er alles.« »Er tut nur, was er tun will.«
Über Ihre Beziehung zu Ihrem Kind:	
»Er schmust immer mit mir, wenn ich's brauche.« »Sie umarmt einen so lieb und innig.« »Ich erinnere mich – er war so toll an diesem Tag – ich war so stolz auf ihn.«	»Wir sind aufeinander angewiesen.« »Ich kann sie nicht zurückgeben, oder?« »Es ist zu schwierig, mit ihm (ihr) Spaß zu haben.«

Der Schlüssel dafür, positive Ressourcen für Ihre Erziehung aufzubauen, liegt darin, starke Motivkräfte zu finden, die für Sie arbeiten, und sie oft zu benutzen, sie zu überprüfen und neue zu formulieren, während Sie weitermachen. Die folgende Übung ermutigt Sie, sich die Zeit zu nehmen, um herauszufinden, was Sie motiviert.

Motivationsübung

Notieren Sie drei starke Motivkräfte – drei Ideen oder Vorstellungen, von denen Sie absolut überzeugt sind und die Sie in jedem Fall weiterbringen, auch wenn die Umstände schwierig werden.

1. ....
....
....
....
....

2. ....
....
....
....
....

3. ....
....
....
....
....

Jetzt, wenn Sie allein sind und niemand Sie hören kann, sprechen Sie Ihre Motivkräfte laut vor sich hin. Legen Sie Gefühl in die Worte und spüren Sie die Kraft der Worte in sich. Wenn Sie

sie ein paar Mal wiederholt haben, sagen Sie sie nicht mehr laut, sondern wiederholen Sie sie still für sich. Ich weiß, dass Ihnen das vielleicht albern vorkommt, aber es funktioniert. Es funktioniert, weil Sie diese Überzeugungen in Ihrem Bewusstsein *verankern* oder fixieren, und Sie verstärken sie durch die Gefühle, die sie in Ihnen auslösen. Machen Sie diese Verankerungsübungen, und diese neuen Überzeugungen werden ein Teil der Ausrichtung Ihres Denkens. Rufen Sie Ihre Motivkräfte so oft auf, wie Sie wollen. Am Anfang mindestens einmal täglich und später immer dann, wenn Sie das Gefühl haben, dass Sie einen »Schub« brauchen. Und jetzt folgt eine weitere Übung, um Ihre positiven Empfindungen zu steigern, wenn Sie mit dem zweiten Schritt des Programms anfangen:

Übung zum Aufbau von positiven Gefühlen

Die positiven und liebevollen Gefühle, die Sie Ihrem Kind gegenüber hegen, sind immer vorhanden, aber in Stresszeiten können sie unter die Oberfläche geraten. Die folgende Übung lehrt Sie, sich auf diese positiven Gefühle zu konzentrieren und sich klarzumachen, wie viel sie Ihnen bedeuten. Nehmen Sie einen Stift und ein Blatt Papier zur Hand oder schreiben Sie unten die Gedanken auf, die Ihnen kommen, wenn Sie folgende Fragen beantworten:

- Was ist toll und besonders an meinem Kind?
- Wenn ich an mein Kind denke, was erfüllt mich mit Dank?
- Was sind all die Dinge, die ich an der Persönlichkeit meines Kindes liebe und schätze?

Während Sie schreiben, halten Sie hin und wieder inne und beobachten einfach, wie Sie sich fühlen, wenn Sie auf diese Weise an Ihr Kind denken.
Sie können die Kraft dieser Gefühle nutzen, um sich selbst zu motivieren, in sich und Ihrem Kind Änderungen zu bewir-

ken. Die Übung ist auch eine gute Technik, um sich an die äußerst wichtigen motivierenden Aussagen oder Slogans heranzutasten, über die wir oben sprachen.

2. Schritt
Wer hat hier das Sagen? »Sonderzeiten« – eine neue Strategie

Willkommen zum zweiten Schritt. Lassen Sie uns mit der Beziehung zwischen Ihnen und Ihrem Kind beginnen.

Sie wollen, dass sich sein Verhalten ändert. Ihre bisherigen Versuche haben nicht zu diesem Ziel geführt. Stimmt's? Wenn Sie versuchen, Ihr Kind zu verändern, versuchen Sie, sein Verhalten auf irgendeine Weise zu kontrollieren. Sie werden »der Boss«! Alle Eltern kämpfen um Kontrolle, wenn sie sich auf ihr Kind beziehen. Da Sie Eltern eines Kindes mit ADS sind, haben Sie mehr zu kämpfen als die meisten. Kontrolle in einer Beziehung kann sehr negative Nebeneffekte haben. Sie kann Eltern und ihr Kind auseinander bringen. Sie werden gleich mehr darüber erfahren.

Schritt 2 des Programms vermittelt Ihnen einen neuen Zugang zu diesem Problem. Er beruht darauf, ein besseres Verständnis zwischen Ihnen und Ihrem Kind herzustellen. Es wird Ihnen Freude machen und auch Ihrem Kind:

- Legen Sie regelmäßige »Spielzeiten« mit Ihrem Kind fest, die es kooperativer machen werden;
- vermeiden Sie eskalierende Streitsituationen, in denen Sie und Ihr Kind wütend und aggressiv aufeinander reagieren;
- antizipieren Sie Probleme, damit Sie bereit sind, solchen Herausforderungen zu begegnen, wenn sie auftreten.

Das Thema »Kontrolle«

ADS-Kinder sind anders als normale Kinder, wenn es darum geht, das zu tun, was ihnen gesagt wird. Die meisten Kinder lassen sich ungern sagen, dies und das zu tun, doch ADS-Kinder neigen dazu, ihren Unwillen auf drastische und extreme Weise zu zeigen. Sie lernen Fähigkeiten wie Selbstbeherrschung und Folgsamkeit langsamer. Sie bekommen oft schlimme Wutanfälle und explodieren geradezu, wenn es nicht nach ihrem Willen geht. Das hat mit ihrer Hyperaktivität und Impulsivität zu tun. Wenn die Frage, wer von Ihnen seinen oder ihren Willen durchsetzt, oft für Konfliktstoff zwischen Ihnen und Ihrem ADS-Kind sorgt, dann müssen Sie mehr Zeiten schaffen, in denen die Frage der Kontrolle keine Rolle spielt. Urlaub vom Kampf um Kontrolle ist der Sinn der »Sonderzeiten«.

Julie und Susi

Julie ist die allein erziehende Mutter ihrer sechsjährigen Tochter Susi. Bei Susi wurde vor einem Jahr ADS diagnostiziert. Ihr wurden 20 ml Ritalin täglich verschrieben, was ihre Fähigkeit, mit Aufmerksamkeit zuzuhören, verbesserte. Infolgedessen verbesserten sich auch ihre Lese- und Schreibfähigkeiten und sie hilft jetzt mehr im Haushalt. Aber ihre Wutanfälle haben kaum abgenommen. Der folgende Streit zwischen Julie und ihrer Tochter zeigt, wie schlimm die Dinge standen, bevor sie mit dem ADDapt-Programm anfingen:

Julie hat täglich beim Frühstück Streit mit Susi. Heute bittet sie ihre Tochter, ihren Becher in die Spüle zu stellen, bevor sie zum Spielen in den Garten geht. Susi sagt Nein. Julie wird lauter: »Stell ihn in die Spüle!« Susi schreit, so laut sie kann: »NEEEIIIN!« Julie hat dies schon viele Male erlebt, aber sie ist doch erschrocken von der Lautstärke und der Aggressivität in Susis Stimme. Sie ist so verblüfft, dass es ihr die Sprache verschlägt. Susi stampft an ihr vorbei in den Garten. Julie sagt zu sich selbst: »Vergiss es … Hauptsache wir haben Ruhe« (nicht gerade die anregendste Motivkraft!). Sie lässt es dabei bewenden.

Fünf Minuten später trommelt Susi gegen das Fenster: »Ich mag einen Keks.« Julie meint, dass Susi schon bei dem Becher ihren Willen durchgesetzt hat, und entscheidet »kein Keks«. Sie ignoriert Susis Trommeln. Rasch wird es lauter und lauter. Voller Wut rast Julie zur Tür hinaus, packt Susi am Arm, marschiert in die Küche, zeigt auf den Becher und schreit: »Stell ihn jetzt in die Spüle! Du dummes, grässliches Kind!« Susi reißt sich von ihrer Mutter los und kreischt: »Ich hasse dich!«, wirft den Becher auf den Fußboden – er zersplittert – und rennt hinaus in den Garten.

Julie kocht vor Wut. Sie denkt: »Sie bestimmt mein Leben. Als ob sie hier der Boss wäre.«

Aber sie läuft ihrer Tochter nicht hinterher. Sie weiß, wenn sie sie an diesem Morgen fängt, wird sie ihr eine herunterhauen und vielleicht mehrmals. Jedenfalls kann sie nicht noch mehr Streit ertragen. So entkommt Susi in den Garten. Julie beruhigt sich – das dauert vielleicht zehn oder fünfzehn Minuten. Doch der Groll geht viel tiefer. Den ganzen Tag über denkt Julie: »Ich hasse sie. Ich weiß, das sollte ich nicht, aber manchmal tu ich's wirklich.«

Auf den ersten Blick mag es so aussehen, als ob Susi den Kampf gewonnen hätte. Tatsächlich sind aber Mutter *und* Kind die Verlierer. Der Zorn, der in Julie schwelt, hält drei Tage lang an und, wie Julie mir erzählte, »beeinflusst die Art, wie wir uns zueinander verhalten. Wenn ich mich so fühle, dann will ich keine Nähe mit ihr haben«. Die wachsende Distanz zwischen ihnen ist nicht zu übersehen. Susi wird diese Gefühle wahrnehmen – alle Kinder tun das – und ihrerseits wütend sein und sich verunsichert fühlen. Wenn Julie und Susi sich morgen in einer ähnlichen Situation befinden, ist die Chance groß, dass ein weiterer »Kampf« zwischen ihnen entbrennt. Dann kann es so scheinen, als ob Julie gewinnen würde. Oder vielleicht noch einmal Susi. Wer auch immer »gewinnen« mag, ihre Gefühle zueinander werden immer verworrener und wütender.

Lautet die Antwort also: Immer so weiter?

Vielleicht denken Sie: »Warum spricht diese Frau nicht einfach ein Machtwort und macht der ganzen Spannung, die sich zwischen ihr und ihrer Tochter aufbaut, ein Ende?« Nun, Julie wäre gewiss die Erste, die zugeben würde, dass sie in der Vergangenheit Susi gegenüber bestimmter oder konsequenter hätte auftreten müssen. Aber jetzt stellen sich folgende Fragen: *Sollte sich Julie weiterhin darauf konzentrieren, wer hier eigentlich das Sagen hat?* und *Ist ein Mehr an Disziplin die richtige Antwort in diesem Stadium?*. Meiner Ansicht nach lautet die Antwort: »Nein.« Wenn ein ADS-Kind sich so wie Susi verhält, dann gibt es nur eine sich immer weiter fortsetzende Auseinandersetzung darum, wer Chef oder Chefin ist, und dies oft auf Kosten der Beziehung.

Was an diesem Punkt wirklich Not tut, ist mehr Zeit, in der solche Macht- und Kontrollfragen in der Kommunikation zwischen Mutter und Kind entfallen – und keine effektiveren Methoden, wie Julie Kontrolle über Susi gewinnt. Und hier kommen die »Sonderzeiten« ins Spiel.

»Sonderzeiten« für kleine Kinder

Eine »Sonderzeit« ist ein festgelegter Zeitraum, in dem ein Elternteil mit einem Kind spielt. »Sonderzeit« meint das Schaffen von besonderen und begrenzten Zeiträumen während des Tages (sagen wir zweimal am Tag), in denen positive Gefühle fließen können. Dies ist hilfreich für alle Kinder im Alter zwischen zwei und sieben Jahren. (Bei älteren Kindern muss die Sonderzeit die fortgeschritteneren Interessen und Spielvorlieben berücksichtigen. Siehe Anhang 2, aber lesen Sie diesen Teil wegen der allgemeinen Grundsätze dennoch durch.)

Spielen ist eine der wesentlichen Arten, wie Kinder lernen. Deshalb ist die Spielzeit eine der besten Gelegenheiten, das Verhalten Ihres Kindes zu beeinflussen.

Während des Spielens probieren Kinder aus, was sie bei Erwachsenen gesehen haben, entwickeln ihre Persönlichkeit und Kommunikationsfähigkeiten. Für die meisten Kinder handelt es sich um eine als glücklich und positiv erlebte Zeit. Ohne Kontrollen, Ermahnungen und Zwänge zusammen zu spielen kann großen Spaß machen! Es ändert auch Beziehungsmuster zwischen Eltern und Kind – und dies in dreierlei Hinsicht:

1. Wenn Sie Ihrem Kind beim gemeinsamen Spiel die Führung überlassen, erfahren Sie beide, wie es die Kontrolle und Verantwortung übernimmt, und zwar in einem Kontext, der ihm oder ihr Freude macht. Sie selbst können ebenfalls befreit spielen, da Sie nicht verantwortlich sein müssen.

2. Sie werden frei, zu sehen, welch erstaunliche Kraft von Phantasie und Kreativität Ihr Kind besitzt.

3. Indem das gemeinsame Spielen Ihnen beiden eine Atempause gewährt, in der Sie unbelastet vom problematischen Alltag Luft holen können, erinnert Sie die Sonderzeit daran, welche Wärme und welches Glück Sie voneinander bekommen können. Diese Empfindungen verlieren sich oft beim Kampf darum, wer das Sagen hat.

Weil es in der Sonderzeit gerade nicht darum geht, wer »der Chef ist«, können Sie ohne Konflikt ein gegenseitiges Verstehen aufbauen.

 Zusammenfassung: Wie Sonderzeiten funktionieren

- Kinder verbinden mit Spielen Spaß und positive Gefühle.
- Sie schenken Ihrem Kind positive Aufmerksamkeit. Das fördert Zuneigung und Vertrauen.
- Sie beide haben an jedem Tag eine konfliktfreie Zeit.
- Ihr Kind übernimmt die Führung, und so gibt es keinen Streit darüber, wer gerade der Boss ist.
- Neue Techniken im Umgang fördern das gegenseitige Verständnis.
- Sie beeinflussen einander dadurch, dass Sie sich näher kommen.

Die Realisierung der Sonderzeiten

Schaffen Sie sich während eines normalen Tages zwei Pausen, in denen Sie 10 bis 15 Minuten mit Ihrem Kind spielen. Zu Beginn sind die anderen Kinder – wenn Sie welche haben – an der Sonderzeit mit Ihrem ADS-Kind nicht beteiligt.

Machen Sie daraus möglichst eine feste Einrichtung. Das heißt nicht unbedingt, dass es an jedem Tag die gleiche Zeit sein muss (obwohl Regelmäßigkeit die Sache mit ADS-Kindern gewiss erleichtert), aber es heißt, dass sie, wenn irgend möglich, jeden Tag stattfinden sollte.

Folgendes können Sie Ihrem Kind etwa sagen, um anzufangen: »Susi, du weißt doch, ich finde, dass wir uns zu viel streiten – Mama möchte jetzt eine Zeit, in der wir miteinander spielen, ohne uns zu zerstreiten. Zeig mir ein Spiel, das wir zusammen spielen können.« Ganz einfach. Sie brauchen in diesem Stadium keine weiteren Regeln vorzugeben.

Da das Ziel der Sonderzeit ist, dass Ihr Kind die Führung bei einem Spiel oder bei einer Aufgabe übernimmt, *besteht Ihre Rolle darin, zu folgen.* Am besten zeigen Sie Ihre Bereitschaft zu folgen durch das, was Sie sagen und tun.

Die Fähigkeit zu positiver Aufmerksamkeit wird Ihnen dabei helfen.

Fähigkeit zu positiver Aufmerksamkeit

Um Ihrem Kind wirkungsvoll zu folgen, müssen Sie ihm vermitteln, dass Sie genau auf das achten, was es tut und sagt. In der Fachsprache heißt diese Fähigkeit »positive Aufmerksamkeit«. Sie bedeutet, dass Sie aktiv auf Ihr Kind reagieren und häufige Kommentare geben, um zu zeigen, wie genau Sie verfolgen, was Ihr Kind tut und sagt. Die Botschaft, die Sie ihm geben wollen, ist: »Ich habe wirkliches Interesse an dir.« Das Ziel des Erlernens dieser Fähigkeit ist, immer so unverstellt zu sein und zu klingen wie möglich.

Hier einige Beispiele, wie Julie Susi ihre positive Aufmerksamkeit zu verstehen gibt, während diese in der Sonderzeit im Sandkasten spielt:

»Hey! Du hast dort wirklich eine irre Form gemacht.«
»Gleich hast du da ein Riesenloch gegraben.«
»Was für ein toller Sprung! Und noch einer!«
»Susi, du spielst so schön im Sand.«

Das mag zunächst ein bisschen seltsam oder gekünstelt klingen. Aber es wird mit der Zeit immer natürlicher werden. Dieser Ansatz ist *aufmerksam*, weil Sie Ihrem Kind die ganze Zeit das Feedback geben, dass Sie zusehen und zuhören, und zwar *positiv*, weil sie bei Ihrem Kind ein Verhalten fördern, dem Sie positiv gegenüberstehen und das Sie loben können.

Entwickeln Sie in der Sonderzeit positive Aufmerksamkeit		
Zu vermeiden	**Schlechtes Verhalten**	**Versuchen Sie stattdessen**
Seien Sie kein Lehrer – machen Sie aus dem Spiel keine Unterrichtsstunde	»Die Schaufel ist lila, nicht blau. Kannst du das buchstabieren? Komm, sprich mir nach, l.i.l.a. Komm schon.« »Okay, wie viel Muscheln sind das? Komm, vier und sieben sind?«	»Du hast ja eine Riesenburg mit der Schaufel gebaut.« »Du ordnest die Muscheln in Gruppen an. Das machst du sehr schön.«
Verbessern Sie nicht	»Sieh dir dein Bild an, es gibt doch keinen roten Himmel, oder?« »Mal doch bitte auf dem Papier und nicht auf dem Tisch!«	Lassen Sie Ihr Kind den Himmel rot malen, wenn es das will. »Was für ein schöner roter Himmel das ist.«

Weisen Sie Ihr Kind nicht darauf hin, was es alles besser machen kann.	»Nein, nein, das wird nie ein Teig mit so viel Wasser … schau, so macht man das!«	»Susis Teig enthält ganz viel Wasser.«
Kritisieren Sie nicht.	»Nein, das ist so nicht richtig!«	Konzentrieren Sie sich auf das Positive.

Stellen Sie möglichst keine Fragen

Das fällt sicher schwer. Sie würden staunen, wenn Sie wüssten, wie viel der Interaktion zwischen Eltern mit ihren Kindern auf Fragen beruht. Fragen stellen heißt, dass *Sie das Gespräch kontrollieren, nicht die Kinder.* Als Experiment versuchen Sie, fünf Minuten lang keine Fragen zu stellen, während Sie mit Ihrem Kind spielen. Schwierig, nicht wahr? Um eine Veränderung herbeizuführen, gewöhnen Sie sich an, in der Sonderzeit Fragen durch Feststellungen und Aussagen zu ersetzen.

Vermeiden Sie zu sagen	Versuchen Sie stattdessen
Was hast du mit dem ganzen Sand vor?	Das ist wirklich ein Haufen Sand.
Was machst du denn mit den Bausteinen?	Susi, du verbuddelst ja Bausteine.
Was willst du mit diesen Muscheln machen?	Susi sortiert die Muscheln aus.
Wo tust du denn das Wasser hin?	Das sieht nach einem Burggraben aus.

Geben Sie keine Befehle!
Zum Beispiel:
 Hier geht's lang!
 Mach es so!
 Lass das sein!

Beginnen wir mit der Praxis

Die Sonderzeit funktioniert – vertrauen Sie mir. Anfangs mag einem der Aufwand groß erscheinen, um kleine Fortschritte zu erzielen, aber die Veränderungen werden mit der Zeit größer. Es ist wesentlich, dass die Sonderzeit regelmäßig eingehalten wird, besonders zu Beginn. Die Häufigkeit sorgt für schnellere Fortschritte. Versuchen Sie, die Sonderzeit mindestens einmal täglich 10 bis 15 Minuten lang zu praktizieren.

Nach jeder Sonderzeit gehen Sie die Checkliste auf Seite 67 durch, um zu überprüfen, wie sich die Dinge entwickeln.

Wenn Ihnen die Idee einer Sonderzeit stark widerstrebt, möchte ich Sie gerne darum bitten, noch einmal die Kapitel 6, 7 und 8 durchzulesen.

? **Oft gestellte Fragen**

? *»Wie finde ich denn die Zeit dazu?«*

☞ Das ist bezüglich der Sonderzeit die häufigste Frage und ich kann darauf keine leichte Antwort geben. Wenn es Ihnen Kopfzerbrechen bereitet, genügend Zeit dafür zu finden, so stehen Sie nicht allein. Das Leben von Eltern heutzutage ist ausgefüllter denn je, und da die Verwandten oft weit weg leben, lässt sich auch nur schwer Unterstützung organisieren. Eltern haben mir über genau diese Schwierigkeiten berichtet – zum Beispiel: »Ich fand es ungerecht, meinem älteren Sohn nicht auch Sonderzeiten zu geben, also habe ich für beide damit angefangen, damit keine Eifersucht entstand, aber es frisst wirklich meine Zeit auf.« – »Ich bin allein erziehende Mutter mit einem zweiten, kleineren Kind, und es ist schwierig, regelmäßig jemanden zu finden, der auf das kleine Kind aufpasst, damit ich die Sonderzeit durchführen kann.« – Und: »Meine Frau und ich haben beide Schichtarbeit … einer von uns geht, wenn der andere kommt … wir müssen uns verdammt gut organisieren, um herauszufinden, wer was während der Sonderzeit gemacht hat.«

Es gibt in der Tat keine Patentlösung für Zeitknappheit. Ich kann Sie also nur darauf aufmerksam machen, dass die Zeit, die Sie sich als Sonderzeit nehmen, möglicherweise eine der besten Investitionen ist, die Sie je machen werden.

? *Wie lange dauert es insgesamt?*

☞ Ich bitte Sie, es drei Monate lang regelmäßig zu versuchen. Nach zwei Monaten können die meisten Eltern eine dramatische Verbesserung feststellen, die auch von anderen bemerkt wird. Binnen sechs Monaten werden regelmäßige Sitzungen nicht mehr notwendig sein. Dann wird die Fähigkeit zu positiver Aufmerksamkeit schon Teil Ihrer täglichen Interaktionen mit Ihrem Kind geworden sein. Erreichen Sie diesen Punkt, wird sich Ihre Beziehung zu ihm für immer gewandelt haben.

? *Was ist, wenn wir eine Sitzung auslassen?*

☞ Sechs oder sieben Sitzungen in der Woche werden innerhalb von zwei Wochen eine merkbare Veränderung in Ihrer Beziehung bewirken. Drei oder vier Sitzungen bedeuten eine sehr viel langsamere Veränderung. Ein oder zwei Sitzungen bedeuten, dass es wahrscheinlich nur eine geringe oder gar keine Veränderung gibt.

? *Wie kann mir die Sonderzeit helfen, wenn doch das ungezogene Benehmen das Hauptproblem ist?*

☞ Die Sonderzeit rückt diesem Problem mit List zu Leibe. Ungezogenheit ist eine der Methoden, die Ihr Kind gelernt hat, um Ihre Aufmerksamkeit zu erregen. Die Sonderzeit zeigt ihm nun, dass es Ihre Aufmerksamkeit erhält, wenn es sich positiv verhält.

ADS-Kinder und ihre Eltern schimpfen oft miteinander und schreien sich an. Manchmal können diese Wutausbrüche bedeuten, dass zwischen Ihnen und Ihrem Kind eine, wenn auch vielleicht kleine, Entfremdung eingetreten ist. Sie sind möglicherweise nie ganz entspannt, immer in Alarmbereitschaft, dass Ihr Kind sich wieder schlecht benehmen könnte. Vielleicht nehmen Sie die Momente gar nicht wahr, in denen Ihr Kind brav ist, und so glaubt es, Ihre Aufmerksamkeit am besten dann auf sich ziehen zu können, wenn es ungezogen ist. Die Sonderzeit wird Sie daran erinnern, wie sehr sie sich gegenseitig lieben, und Ihnen eine positive Einstellung erleichtern.

? *Wollen Sie damit sagen, dass wir uns nicht lieben?*

☞ Nein. Aber viele Eltern haben uns berichtet, dass die Sonderzeit ihnen geholfen hat zu erkennen, dass sie nicht so viel positive Zeit mit ihrem Kind verbracht hatten, wie sie eigentlich wollten, weil die Zeiten der Wut und des Streits überhand genommen hatten.

? *Können Sie mehr darüber sagen, was es heißt, dem Kind die Führung zu überlassen?*

☞ Als Erwachsene sind wir gewohnt, für unsere Kinder Verantwortung zu übernehmen, weil sie unseren Schutz und unsere Fürsorge brauchen. Aber es ist natürlich, dass Kinder unabhängig sein und auf sich selbst aufpassen wollen. Die Sonderzeit ist ein gutes Mittel, diesen Aspekt der Entwicklung Ihres Kindes zu ermutigen. Sie soll Ihre Fähigkeit stärken, Ihrem Kind die führende Rolle in positivem Sinn zu überlassen.

? *Wann sollen wir die Sonderzeit durchführen?*

☞ Die Regel lautet: Besser irgendwann als gar nicht. Aber vergessen Sie nicht, dass ADS-Kinder am besten auf Regelmäßigkeit ansprechen. Sie vergessen leicht Aufgaben, die nicht zur täglichen Routine gehören. Es wird wahrscheinlich einfacher für Sie sein, eine Sonderzeit zu organisieren, wenn sie Teil eines täglichen Plans ist, an den sich Ihr Kind gewöhnen kann.

Eine solche festgelegte Regelzeit ist nicht unbedingt notwendig, aber Sie wird Ihnen helfen, Proteste und Konflikte mit Ihrem Kind zu vermeiden.

Eine Mutter fand es nützlich, das Zifferblatt einer Uhr auf ein großes Stück Papier zu malen und neben die Küchenuhr zu hängen. Wenn die Zeit dann so weit war, rief sie einfach: »Es ist Sonderzeit! Was wollen wir heute machen?« Versuchen Sie es. Ihr Kind hat vielleicht schon eine Idee – wenn nicht, dann warten Sie ab, was sich entwickelt.

? *Was, wenn mein Kind nichts mit mir machen will?*

☞ Die Sonderzeit sollte für Sie beide keine Hausarbeit sein, sondern ein Raum, in dem Sie gemeinsam Spaß haben. »Ich mag nicht mit dir spielen« sollte von Ihnen ohne Protest akzeptiert werden. Bleiben Sie ruhig. Seien Sie während der Zeit, die Sie sich gesetzt haben, so offen und freundlich wie möglich. Sagen Sie einfach, dass Sie die Sonderzeit aber in jedem Fall gemeinsam verbringen wollen. Wenn es Ihnen nichts ausmacht, dann spielen Sie einfach allein, und vielleicht kommt Ihr Kind dann und will mitspielen. Die meisten Kinder können der Einladung zum Spielen nicht widerstehen und wollen ziemlich bald mitmischen!

Wenn es immer noch Probleme gibt, dann stellen Sie sich die Frage: »Wie gut bin ich darin, Spaß mit meinem Kind zu haben?« Versuchen Sie sich drei verschiedene Wege auszudenken, wie Sie ein Spiel beginnen können, wenn Ihr Kind kein Interesse zeigt.

? *Soll ich mein Kind zur Sonderzeit zwingen?*

☞ Nein. Manchmal ist Ihr Kind wütend auf Sie und zeigt wenig Interesse am Spielen. Lassen Sie sich nicht aus dem Konzept bringen. Nutzen Sie jedes Anzeichen, dass Ihr Kind lieber spielen als schmollen will. Wenn es einmal auf den Geschmack gekommen ist, dann wird es mehr von Ihrer positiven Aufmerksamkeit und mehr von Ihrem Lob wollen und wird mehr dafür tun, Ihnen eine Freude zu machen.

? *Mein Sohn ist während der Sonderzeit ungezogen. Soll ich aufhören?*

☞ Ja und nein. Ignorieren Sie sein schlechtes Benehmen, außer es besteht die Gefahr, dass jemand verletzt wird oder ein Gegenstand in die Brüche geht. Wenn so etwas geschieht, sagen Sie einfach: »Wir können nicht weitermachen, wenn du so etwas tust. Willst du lieber spielen oder aufhören?« Wenn er sofort aufhört und wieder richtig spielen will, ist es in Ordnung, das Spiel fortzuführen, doch wenn er mit dem bedrohlichen Verhalten erneut beginnt, muss die gemeinsame Zeit beendet werden. Das mag ein ungutes Gefühl hinterlassen – Sie können eine Gelegenheit abwarten, um Ihr Kind zu loben und so die Situation zu entkrampfen.

☑ **Tipp für den Erfolg**

- Der Schlüssel zu einer guten Sonderzeit ist: *Versuchen Sie es!* Sie können sich über dieses Mittel den Kopf zerbrechen, wenn Sie wollen, Sie können es kritisieren, wenn Sie wollen, aber möglicherweise sind das nur Verzögerungstaktiken. Also tun Sie etwas anderes – *versuchen Sie es.* Erich Kästner schrieb: »Es gibt nichts Gutes, außer man tut es.«

Überprüfen Sie Ihre Fähigkeiten zur positiven Aufmerksamkeit

Kreuzen Sie an, wie Sie sich einschätzen, und sehen Sie, wie Sie insgesamt abschneiden:

Aufgabe	Sehr oft	Oft	Selten
Wie oft haben Sie beschrieben, was Ihr Kind gerade getan hat? Z. B.: »Du baust einen Turm.«			
Wie oft haben Sie beschrieben, womit Ihr Kind gerade gespielt hat? Z. B.: »Das ist ein roter Bauklotz.« »Das ist ein grünes Auto.«			
Wie oft haben Sie mitgemacht? Z. B. sagt Ihr Kind: »Ich werde dich jetzt lebendig begraben.« Sie: »Ich werde dann sicher ein Zombie.«			
Haben Sie Ihr Kind gelobt?			
Waren Sie fähig, sein ungezogenes Verhalten zu ignorieren, mit dem es Aufmerksamkeit erheischen wollte? Haben Sie es davon ablenken können?			
Haben Sie vermieden:			
1. Ihrem Kind zu sagen, was es tun soll?			
2. Ihrem Kind zu viele Fragen zu stellen?			
3. Ihr Kind zu kritisieren oder es darauf hinzuweisen, wie es Dinge besser machen kann?			

3. Schritt
Das Familien-Punkte-System *Teil 1*

In diesem Stadium sollte die Sonderzeit schon eingeführt und ein Teil Ihrer täglichen Praxis sein. Auch wenn es einige Anfangsschwierigkeiten gegeben hat (oder noch gibt), bemerken Sie wahrscheinlich schon die Vorteile der größeren Nähe zu Ihrem Kind. Jetzt möchte ich die positive Botschaft, die Ihr Kind von Ihnen empfängt, verstärken. Ich bitte Sie, ein Belohnungssystem einzuführen, an dem abzulesen ist, dass Sie bemerken, und zwar Tag für Tag, was Ihr Kind richtig macht.

Bei diesem Schritt
- lernen Sie, wie man das Punkte-System einsetzt;
- werden Sie eine Expertin/ein Experte für weitere Anreize neben dem Lob;
- bewerten Sie die »Leistungen« Ihres Kindes in einer Liste.

Wie nun funktioniert das Familien-Punkte-System (FPS)?

Familien-Punkte-Systeme werden manchmal auch »Token-Wirtschaft« (Token = symbolisches Zeichen, Münze) genannt. Das mag daher kommen, dass gutes Verhalten schon immer auch symbolisch belohnt wurde, mit Bildchen, wie wir es aus der Schule kennen oder eben auch mit Plastikmarken.

»Wirtschaft« ist in unserem Zusammenhang ein durchaus treffendes Wort, weil Sie ein einfaches Tauschsystem einführen, in dem Ihr Kind, wenn es sich in einer bestimmten Weise verhält, im Gegenzug von Ihnen eine Belohnung und/oder eine Vergünstigung erhält.

Und so funktioniert das System: Sie als Eltern geben Ihrem Kind Punkte, die es dadurch verdient, dass es sich an bestimmte Regeln hält und ein adäquates Verhalten zeigt. Die Punkte können täglich »ausbezahlt« werden oder für einen größeren Gegenwert »angespart« werden. Das ganze Projekt bedarf der Zustimmung aller – insbesondere des Kindes –, ganz wie bei einem richtigen Vertrag.

Warum funktioniert es so gut mit ADS-Kindern?
1. Es bietet konkrete Anreize.
2. Es strukturiert die Erwartungen der Eltern.
3. Es macht das FPS – nicht Sie – zu dem, der das Sagen hat – zum »großen bösen Boss«! Entlastung !

Das FPS klingt einfach, aber es kann schwierig sein, es in die Praxis umzusetzen. Sie haben vielleicht schon etwas Ähnliches probiert – ein Sternchen-System zum Beispiel. Und es hat vielleicht keinen rechten Erfolg gehabt. Andere Ratgeberbücher und Therapeuten, die solche Systeme empfehlen, gehen oft über die feineren Details hinweg – Details, die aber wesentlich über den Erfolg oder das Scheitern entscheiden.

Anmerkung: Das Folgende bezieht sich auf Kinder von sechs und mehr Jahren. Wenn Ihr Kind zwischen vier und sechs ist, müssen Sie zusätzlich die Richtlinien auf Seite 76f. lesen. Bei Kindern unter 4 Jahren funktioniert das FPS nicht so ohne weiteres.

Wie Sie mit dem FPS beginnen

Es gibt zwei Voraussetzungen, die Sie schaffen müssen. Mit jeder dieser Voraussetzungen erhalten Sie Erfolgstipps, die Ihnen wesentlich helfen werden, Fallstricke auf jeder Stufe zu umgehen. Lesen Sie diese sorgfältig durch.

Voraussetzung 1 – Die Liste der »Mehr-davon«-Verhaltensweisen

»Mehr-davon«-Verhaltensweisen sind solche, die Sie von Ihrem Kind öfter erwarten oder die Sie bei ihm noch vermissen. Notieren Sie auf einem Blatt Papier eine Liste von Verhaltensweisen, die Sie bei Ihrem Kind häufiger sehen wollen.

Achten Sie darauf, dass sich nur solche Verhaltensweisen darauf befinden, die Ihr Kind auch tatsächlich bei entsprechender Motivation leisten kann. Zum Beispiel: »Bringe Ordnung in dein Leben« wäre selbst für die Besten von uns eine große Herausforderung; außerdem ist eine solche Aufforderung sehr unbestimmt. Also formulieren Sie Ihre Verhaltensziele kristallklar und ausführbar. Ermahnungen wie »Sei hilfsbereiter« oder »Zeige deinen guten Willen« sind *out*! Ersetzen Sie sie durch »Sage guten Morgen zu Mama (und mir)«. Es ist klar, ob dies befolgt wurde oder nicht.

»Mehr-davon«-Verhalten

1. Um 7 Uhr aufstehen
2. Einmal in der Woche die Spülmaschine einräumen (oder ausräumen)
3. Jeden Morgen und Abend die Zähne putzen
4. Um halb drei mit den Hausaufgaben anfangen
5. ....

   ....

   ....

   ....

Sehen Sie sich die Liste unten an und fertigen Sie eine ähnliche an, in die Sie die »Mehr-davon«-Verhaltensweisen aus Ihrer Liste eintragen.

Davon möchte ich mehr sehen	Punkte dafür	Punkte, die du bekommen hast						
		Mo	Di	Mi	Do	Fr	Sa	So
Um 7 Uhr aufstehen	10 pro Tag	–						
Spülmaschine ein-/ausräumen	30 pro Woche	30						
Zähne putzen morgens & abends	10 pro Tag	10						
Extrabonus		5						
Gesamtpunktzahl		45						

Sie sehen, dass es eine zusätzliche Zeile für den »Extrabonus« gibt. Damit können Sie Ihrem Kind die Möglichkeit geben, Extrapunkte zu ergattern, wenn es ein bestimmtes Verhalten zeigt, das sich zwar nicht auf der Liste befindet, das Sie aber besonders erfreut.

 Tipps für den Erfolg

- Es ist wichtig, die richtige Punktzahl festzulegen. Der Wert muss groß genug sein, um für Ihr Kind einen Anreiz zu bieten. Geben Sie für eine Verhaltensweise, die Ihnen wichtiger ist, immer eine höhere Punktzahl. Zum Beispiel ist die Erledigung von einer halben Stunde Hausaufgaben in der Regel mehr wert als das Ausleeren des Mülleimers.
- Geben Sie die Belohnungen häufig. Für solche »Mehr-davon«-Verhaltensweisen, die Sie mehrmals am Tag zu geeigneter Zeit wünschen, wie »Putze dir die Zähne« oder »Sage bitte und danke«, müssen Sie allerdings eine Höchstzahl fest-

legen, mit der Sie Ihr Kind täglich belohnen. Tragen Sie diese Zahlen in Klammern auf der Liste ein. Das verhindert, dass Ihr Kind alle zwei Sekunden »bitte« sagt oder sich seine Zähne wegschrubbt, um hundert Punkte zu bekommen.

 Bevor Sie fortfahren …
Vergewissern Sie sich noch einmal, dass Ihre Zielvorgaben
1. ausführbar sind;
2. kristallklar sind.

Voraussetzung 2 – Die Liste der Belohnungen
Notieren Sie auf einem Blatt Papier die Belohnungen oder Vergünstigungen, die Ihr Kind mit seinen Punkten erhalten kann.

Belohnungen

1. Extrastunde Fernsehen
2. Bei einem Freund/einer Freundin übernachten (oder jemanden zum Übernachten einladen)
3. Sich ein Videospiel aussuchen dürfen
4. Zur »Quizshow der Woche« am Samstag aufbleiben dürfen
5. Einen Freund/eine Freundin einladen …

....

....

....

....

....

....

Belohnungen	Punkte, die sie kostet	Punkte, die du ausgegeben hast						
		Mo	Di	Mi	Do	Fr	Sa	So
Aufbleiben für die »Quizshow«	50	–						
Extrastunde Fernsehen	20	–						
Videospiel aussuchen	180	–						
Heute keine Hausarbeit	20	20						
Gesamtpunktzahl		20						

Es empfiehlt sich, mindestens sieben Belohnungen und Vergünstigungen auf der Liste einzutragen, so dass Ihr Kind eine gewisse Auswahl hat, wie es seine Punkte ausgeben kann.

Wenn Sie die Belohnungen und Vergünstigungen aufgeschrieben haben, messen Sie jeder eine Punktzahl zu. Aber seien Sie vorsichtig. Das kann heikel sein. Die Regel ist: Der Preis sollte niedrig genug sein, dass Ihr Kind an jedem Tag eine oder zwei Belohnungen verdienen kann, doch auch hoch genug, dass die Vergünstigungen nicht zu leicht zu verdienen sind. Wenn Ihr Kind eine Menge Punkte verdient, dann ist das gewöhnlich ein Zeichen dafür, dass das Programm gut funktioniert. Besonders am Anfang sollten Sie nicht zurückhaltend damit sein:

- Ihrem Kind Punkte zu geben;
- Ihr Kind darauf aufmerksam zu machen, dass es sich gut verhält;
- einen Extrabonus zu geben.

Heften Sie Ihre Zettel an die Küchenwand. Jetzt haben Sie ein brauchbares Familien-Punkte-System und können loslegen. Es basiert nur auf positiven Zielen und Belohnungen. In diesem Stadium werden *keine* Punkte abgezogen.

☑ Weitere Tipps für den Erfolg

- Geben Sie freizügig Punkte! Denken Sie daran, dass es sich hier nicht um die harte Wirklichkeit des Geschäftslebens handelt. Sie wollen, dass Ihr Kind mitmacht und Erfolg hat: *Also seien Sie großzügig.* Wenn Sie zu streng oder zu geizig sind, kann das Ihre Chancen zunichte machen – insbesondere im Anfangsstadium.
- Stellen Sie keine Liste mit Vergünstigungen auf, die sich nur einmal im Monat erwerben lassen. Es ist sehr wichtig, dass Ihre Liste Belohnungen und Vergünstigungen enthält, die Ihr Kind mindestens einmal am Tag, also »sofort«, verdienen kann. ADS-Kinder brauchen oft leichte Gewinne, wenn sie zu einer Veränderung ermuntert werden sollen. Für den Anfang ist es wichtig, dass Ihr Kind jeden Tag die regelmäßige Bestätigung eines Extravergnügens erhält. Wenn es einen schlechten Tag hat, können die Punkte versiegen und der große Preis – zum Beispiel ein Videorecorder für 2000 Punkte – gerät vollkommen außer Sichtweite. Es ist viel besser, Belohnungen wie eine halbe Stunde Fernsehen (für 50 Punkte) anzubieten, die jeden Tag verdient und ausgegeben werden können, als einen Preis von 1000 Punkten, der vielleicht nie realisiert wird.
- Ziehen Sie keine Punkte für schlechtes Benehmen ab – »Weniger-davon«-Verhaltensweisen kommen noch, aber eilen Sie nicht voraus. Ihr Kind muss erst einige Punkte verdient und Belohnungen erhalten haben. Wenn Sie zu früh Punkte abzuziehen beginnen, wird Ihr Kind nicht die Punktzahl erreichen, die es für eine Belohnung oder Vergünstigung braucht. Oft werden binnen weniger Tage Minuspunkte angesammelt. Das mindert nur das Selbstvertrauen des Kindes und lässt es vor dem Punkte-System zurückscheuen.

- Ein positiver Start ist von entscheidender Bedeutung – malen Sie ihn Ihrem Kind in angenehmen Farben aus. Erklären Sie ihm, dass Sie von einer Methode erfahren haben, mit der es Belohnungen und Vergünstigungen bekommen kann, indem es sich gut verhält. Seien Sie kreativ bei kleineren Kindern, die bei der Idee eines Spiels wirklich begeistert sein können. Strengen Sie ihre Phantasie an!

- <u>Beteiligen Sie Ihr Kind!</u> Es ist sehr wichtig, dass es Zeit hat zu verstehen, was Sie vorhaben. Vergessen Sie nicht, dass Sie die Liste mit den Belohnungen und Vergünstigungen mit Ihrem Kind noch einmal durchgehen, und versuchen Sie, Anreize zu schaffen, die es ansprechen. Erklären Sie ihm die Verhaltensweisen, die Sie gern öfter von ihm sehen möchten und warum Sie sie auf die Liste gesetzt haben. Erklären Sie Ihrem Kind den jeweiligen Punktwert und machen Sie ihm die positiven Veränderungen klar, die Ihre gemeinsamen Anstrengungen für Ihrer beider Leben haben wird.

- Und überprüfen Sie Ihre Listen noch einmal! Nachdem Sie alles getan haben, ist es gewöhnlich von Vorteil, die Belohnungen und Vergünstigungen noch einmal mit Ihrem Kind durchzugehen und zu sehen, ob es eigene Vorschläge zu den Kosten der Vergünstigungen und der Art der Belohnungen machen möchte.

Häufig gestellte Fragen

? *Wird es funktionieren?*

☞ Ja, in so gut wie allen Fällen, wenn Sie die Regeln befolgen.

? *Was, wenn mein Kind Punkte hortet?*

☞ *Achtung: Sammler!* Kinder horten oft Punkte, um etwas zu bekommen, das sie wirklich begehren. Wenn Sie es mit einem solchen Sammler zu tun haben, dann hat es keinen Sinn, dagegen anzukämpfen. Lassen Sie Ihr Kind ruhig Punkte sammeln. Der Trick ist, den Wert des Preises, an dem das Herz des Kindes hängt, relativ niedrig zu halten. Wenn er zu hoch ist, besteht die Gefahr, dass Ihr Kind zu kurz kommt und enttäuscht wird, mit der zusätzlichen Folge, dass es sich gegen das FPS wendet. Das wollen Sie auf jeden Fall vermeiden.

? *Soll ich meine anderen Kinder am FPS beteiligen?*

☞Warum nicht? Nach meiner Erfahrung profitieren alle Kinder von der Strukturgebung und den Anreizen, die das System bietet. Es besteht die Chance, dass Ihr ADS-Kind sich weniger »besonders« und isoliert vorkommt.

? *Ist mein Kind zu klein, um das FPS zu verstehen – insbesondere die Punkte und Gesamtzahlen?*

☞Gute Frage. Für kleinere Kinder gelten spezielle Richtlinien.

☑ Tipps für den Erfolg mit kleineren Kindern

- Arbeiten Sie mit kleinen Zeichnungen, die »Mehr-davon«-Verhaltensweisen darstellen. Ein Strichmännchen, das aus dem Bett aufsteht oder sich anzieht, eignet sich bestens, um das Verhalten zu zeigen, das Sie sich wünschen.
- Aber behalten Sie das Aufschreiben bei – es hilft auch den kleinen Kindern beim Lernen.
- Zahlen sind für kleinere Kinder oft zu abstrakt. Dinge, die man sehen und anfassen kann, haben größere Bedeutung. Also übersetzen Sie die Punkte in Plastik- oder selbst gebastelte Papiermarken. Halten Sie ein Glas bereit, um sie zu sammeln – und stellen Sie es gut sichtbar auf.
- Machen Sie Ihr Markensystem nicht zu kompliziert. Manche Eltern benutzen verschiedenfarbige Marken, andere Plastikgeld – die Mehrzahl verlässt sich auf ein einfaches System, um sicherzugehen, dass ihr vier- oder fünfjähriges Kind den Vorgang verstehen kann.
- In manchen Schulen sind Sternchen-Systeme oder Lachgesichter beliebt. Übernehmen Sie dieses System zu Hause, wenn Ihr Kind in einer solchen Schule ist. Das ist vielleicht weniger verwirrend, als zwei verschiedene Systeme zu haben.

- Bei kleineren Kindern empfiehlt es sich, aus dem Erhalten und Ausgeben von Marken ein ausführliches Ritual zu machen. Zählen Sie sie auf den Tisch, füllen Sie sie ins Glas und nehmen Sie sie wieder heraus zum Bezahlen. All das sollte reichlich ausgenutzt werden, um das Interesse des Kindes wach zu halten.
- Bekräftigen Sie die Prinzipien des FPS, während Sie mit Ihrem Kind das System befolgen: »Du hast deine Zähne geputzt … ohne Ärger zu machen … dafür gibt es zwei Rote. Sehr gut.« »Du warst sehr lieb heute bei Oma … es gab keinen Streit und keine Rauferei … das gibt fünf Extramarken.« »Willst du heute Abend ein paar Marken ausgeben? Du hast jetzt eine Menge beisammen – du warst sehr brav in der letzten Zeit.«
- Wenn Ihr Kind in diesem Stadium immer noch nicht den Sinn der Tabelle erfasst hat, dann ist das einfachste System am besten: Spielmarken als Belohnung für das, was es richtig gemacht hat, in einem Glas gesammelt und für etwas Begehrtes ausgegeben, wenn Sie zusammen einkaufen. Aber vergessen Sie nicht, auch bei dem einfachsten System ist es wesentlich, das regelmäßige Ausgeben der Marken zu ermuntern.

Anmerkung: Beginnen Sie mit diesem Teil des Programms nicht, solange zwischen Ihnen und Ihrem Kind noch große Verwirrung herrscht. Das bedeutet, dass Sie frühzeitig in Schwierigkeiten geraten und vielleicht wegen mangelnden Erfolgs aufgeben.

4. Schritt
Lob – Ihre Geheimwaffe

Erneutes Willkommen! Sie hatten sehr viel zu tun. Die Sonderzeit gehört mittlerweile zu Ihrem vertrauten Alltag. Auch haben Sie mit dem FPS begonnen und zeichnen jeden Tag das Verhalten Ihres Kindes auf und belohnen es dafür. Prima – Sie könnten nicht besser sein.

Übrigens: Wenn Sie Schulden bei der Bank aufhäufen, um die Belohnungen im FPS zu finanzieren, dann machen Sie etwas falsch. Denken Sie daran: Kleine Belohnungen, die kein Geld kosten, sind das Entscheidende, selbst in unserer materialistischen Welt.

Wenn Sie in den letzten Wochen hin und wieder mit Ihrem Kind wirklich über Kreuz waren und gern Punkte abgezogen hätten: *Tun Sie es nicht.* Glauben Sie mir, dieser Moment wird kommen, aber jetzt ist es definitiv noch nicht so weit.

Sie haben vielleicht seit dem Beginn der Sonderzeit bemerkt, dass Ihr Kind sich besser benimmt, wenn es Sie ganz für sich hat, und schlechter, wenn es Ihre Aufmerksamkeit mit anderen teilen muss. Das ist nicht ungewöhnlich. Machen Sie sich in diesem Stadium darüber kein Kopfzerbrechen. Ich bin sicher, Sie haben es immer noch mit Wutausbrüchen und Trotzanfällen zu tun, aber wir sind erst beim vierten Schritt des Programms. Es dauert mit Sicherheit länger, bis Veränderungen sichtbar werden.

Die nächsten drei Schritte führen Sie zu den Fähigkeiten, die Sie brauchen, um sämtliche Methoden, mit denen Ihr Kind Aufmerksamkeit zu erregen versucht, in Angriff zu nehmen. Die erste Fähigkeit ist das Loben. Sie werden lernen, wie man es gezielt einsetzt und wie wirkungsvoll es sein kann.

Einige Fakten über das Loben

Lob ist eine der effektivsten und gleichzeitig am meisten vernach-
lässigten Methoden, um Kindern bei Veränderungen ihres Verhaltens zu helfen. Lob, das klar und oft ausgesprochen wird, ist Ihre
Geheimwaffe gegen die schlimmsten Formen des ADS-Verhaltens:

- Aggressivität
- Ungehorsam
- Dickköpfigkeit
- Schlagen
- Wutausbrüche
- Schimpfwörter
- Widerworte
- Trotz

Ich führe das so deutlich auf, weil Sie wissen sollen, dass mit der
Zeit selbst die *frechsten und rücksichtslosesten Kinder* vom Lob
weich geklopft worden sind. Glauben Sie mir, ich habe es erlebt.

Die versteckten Kosten des Tadelns

Für viele ADS-Kinder bietet das Leben nur eine monotone Kost
aus Zurechtweisungen, Kritik und Bestrafungen seitens der Lehrer, Klassenkameraden und der Menschen, die sie lieben und
von denen sie abhängen. ADS-Kinder wissen nur zu gut, dass
das, was sie tun, andere frustriert, abstößt und *wütend macht.*
Sie erleben aber zu wenig, dass etwas, das sie tun, andere erfreut
und begeistert. Kein Wunder, dass sie ein so geringes Selbstwertgefühl haben.
Trotz, eine »Ihr-könnt-mich-mal-alle«-Einstellung, Aggressivität, Unverschämtheit und viele andere Verhaltenstypen, die
ADS-Kinder von anderen isolieren, können in Wahrheit eine
Maske für Gefühle wie die folgenden sein:

- verzweifelt jemandem gefallen wollen;
- Hunger nach Bestätigung;
- sich unsicher und wertlos vorkommen;
- nach Lob dürsten;

- ein negatives Selbstbild; *"ich bin ja dumm"* (2.)
- Mangel an Selbstbewusstsein.

Es handelt sich dabei um Gefühle, die insbesondere von Kindern schwer in Worte gefasst werden können.

Lob ist für Ihr Kind wertvoll

ADS-Kinder blühen auf, wenn sie Aufmerksamkeit bekommen, und sie entwickeln sich besser, wenn diese Aufmerksamkeit positiv ist. Lob und Bestätigung fördern das Beste in ihnen zutage – wie bei uns allen. Aber Lob hat einen besonderen Einfluss auf ADS-Kinder, weil es zeigt, dass sich jemand Zeit genommen hat, ihren Wert, ihre Mühen und ihre Eigenschaften wahrzunehmen. Leider gerät bei Eltern, die vom ADS-Stress betroffen sind, das Loben genauso in Vergessenheit wie die alten Vinylschallplatten. Je mehr Lob Sie für ein ADS-Kind übrig haben, umso mehr realisiert es nach meiner Erfahrung, dass es Ihnen *tatsächlich* Freude machen kann. Seine spezielle Verfassung macht es darüber hinaus vergesslich und leicht ablenkbar, also muss es oft an seine positiven Eigenschaften erinnert werden. Das heißt, dass Sie Ihr Kind förmlich dabei erwischen müssen, wie es etwas richtig macht, und alles so organisieren, dass es so oft wie möglich etwas richtig machen kann. Wenn Sie Ihr Kind ständig nur darauf hinweisen, was es alles falsch macht, untergraben Sie langsam, aber sicher seine Selbstachtung.

Belohnen Sie gutes Benehmen

Die zentrale Botschaft könnte nicht einfacher sein: Um Ihrem Kind zu zeigen, dass es Ihnen Freude bereitet, wenn es sich gut benimmt, müssen Sie es loben, loben und noch einmal loben. Der Schlüssel zur Veränderung ist Ihre *Hartnäckigkeit* und dass Sie mit verschiedenen Arten von Lob aufwarten. └> im Loben

Achten Sie von jetzt an ständig auf alles Gute im Benehmen Ihres Kindes und belohnen Sie es mit Aufmerksamkeit und Lob. Gleichgültig, wie klein etwas erscheinen mag, nehmen Sie es wahr und loben Sie es. Zeigen Sie Ihrem Kind von nun an, wenn es etwas Gutes tut, wie sich ohne Aufforderung selbst anzuziehen, dass Sie es gesehen haben, und zeigen Sie ihm, dass Sie sich darüber freuen. Nehmen Sie nicht einfach alles als selbstverständlich hin, was Ihr Kind sowieso tun soll. <u>Und loben Sie besonders immer jedes Verhalten, das Sie gerne öfter sehen möchten.</u>

Übung: Erfolge erkennen

Fragen Sie sich: »Fallen mir drei Dinge ein, die mein Kind schon gut macht? Lobe ich es für das, was es erreicht hat?«

1. ....
....
....
....
....

2. ....
....
....
....
....

3. ....
....
....

Übung: Mit Lob überschütten

Fragen Sie sich: »Wofür kann ich mein Kind sonst noch loben und worin kann ich es bestärken, so dass es das öfter tut?«

1. ✐ ....
....
....

2. ✐ ....
....
....

3. ✐ ....
....
....

Unterstützen Sie die Selbstachtung Ihres Kindes

Wenn Ihr Kind daran gewöhnt ist, für Dinge, die es schon tut, gelobt zu werden, dann suchen Sie nach Gelegenheiten, es auf neuen Gebieten zu loben und zu ermuntern.

Wenn Sie bemerken, dass Ihr Kind selbstständiger und eigenverantwortlicher ist, belohnen Sie solches Verhalten sofort mit Lob – zum Beispiel, wenn

- es Sie nicht unterbricht, während Sie sich mit Ihrem Partner unterhalten. Wenden Sie sich Ihrem Kind zu und sagen: »Das war sehr lieb, Ulli – du hast uns nicht unterbrochen. So ist es viel besser.«

- es zwei oder drei Minuten allein mit einem Puzzle spielt – »Fein, Ulli, du spielst richtig schön.«

- es einmal nicht schreit, so laut es kann – »Hey, das ist toll, Ulli. Du kannst so wunderbar ruhig sein«.

Und so weiter. Je mehr, desto besser.

Situationen wie diese gibt es viel seltener, als Sie wünschen. Umso mehr Grund haben Sie, *in dem Moment* zu loben, wenn sie auftauchen. Liebevolle Worte kommen in solchen Momenten völlig überraschend. Das fördert die Selbstachtung und das Selbstwertgefühl Ihres Kindes.

Tatsächlich können Sie des Guten nicht zu viel tun. Werden Sie richtig begeistert bezüglich der kleinsten Sache, die Ihr Kind richtig macht. Bauen Sie es nachhaltig auf. Es spielt keine Rolle, ob es denkt, dass Sie spinnen – das liegt nur daran, dass es noch nie so viel Lob erlebt hat. Und es spielt auch keine Rolle, ob sonst jeder denkt, dass Sie spinnen. *Die* sollten einmal mit allem fertig werden, womit Sie tagtäglich zu tun haben!

 Tipps für den Erfolg

- Loben Sie prompt. ADS-Kinder vergessen schnell und brauchen unmittelbare Belohnung.
- *Schweigen Sie nie*, weil Sie glauben, Ihr Kind wüsste sowieso, dass Sie sich über sein Verhalten freuen.
- Seien Sie so präzise wie möglich. Wenn Sie präzise sind, dann versteht Ihr Kind, wie es Ihnen Freude bereiten kann und was genau es ist, das Ihr Lob hervorgerufen hat. Gehen Sie nie einfach davon aus, dass Ihr Kind genau weiß, was das Lob bewirkt hat. Zum Beispiel: »Es ist sehr lieb von dir, dass du ›Danke‹ gesagt hast«, »Du bist ein liebes Mädchen. Das freut mich wirklich, wenn du so höflich bist« sind besser als unpräzise Aussagen, wie »Gut gemacht«, »Braver Junge« usw.
- Versuchen Sie, Ihrem Kind Gelegenheiten zu geben, *Lob* zu »belauschen«, indem es zuhören kann, wie Sie sich gegenüber einem Dritten positiv über es äußern. Zum Beispiel, wenn Sie in Hörweite Ihres Kindes mit seiner Großmutter oder seinem Vater telefonieren, sagen Sie etwas wie: »Er war wirklich lieb

heute – er hat sein Zimmer aufgeräumt und war für Robert und seine Freunde ein richtiges Vorbild.«

Wenn jemand zu Besuch kommt, legen Sie Wert darauf, dass Ihr Kind mitbekommt, wie Sie von seiner guten Entwicklung berichten (wenn es nicht viel zu berichten gibt, schmücken Sie die Wahrheit etwas aus). Kinder werden ebenso bereitwillig einer guten Reputation gerecht wie einer schlechten.

- Loben Sie oft – Sie können nicht zu viel loben, und es gibt immer noch etwas, das zu loben Sie finden können.

Anscheinend existiert immer noch ein Mythos, der besagt, dass ein Kind, das zu viel Lob bekommt, ein altkluger und anmaßender Mensch wird. Die Folge ist, dass sich manche Eltern immer noch mit Beifallsbekundungen und Lob jeder Art zurückhalten. Aber es kann kein Zweifel bestehen, dass ein Kind nur dann emotional sicher wird, Selbstwertgefühl entwickelt und in seinem späteren Leben sich anderen gegenüber großzügig verhält, wenn es gelobt wird und während der ganzen Kindheit gesagt bekommt, wie fabelhaft es ist.

- Unmittelbares Lob ist besser als das Versprechen zukünftiger Belohnung. Ich bin kein besonderer Anhänger von vertagten Belohnungen wie etwa: »Benimm dich weiterhin so gut, und dann werden wir sehen, was du am Sonntag bekommst.« Eine größere Belohnung anzustreben, die Zeit braucht, um verdient zu werden, *kann* funktionieren, doch ADS-Kinder geraten auf dem Weg dahin manchmal ins Stolpern. Wenn sich ihre Hoffnung auf ein Extravergnügen dadurch zerschlägt, dass sie einen Schritt vor und zwei zurückgehen, wird sie dies mit Enttäuschung, ja sogar Verzweiflung erfüllen. Diese Gefühle äußern sich in Wut, was wiederum Eltern und Kind auseinander bringt. Denken Sie daran, dass für Kinder eine große Belohnung als Ausdruck von »Gut gemacht« viel aufregender und daher wirkungsvoller ist, wenn sie als Überraschung kommt.

- Seien Sie spontan – zögern Sie nicht.

Häufig gestellte Fragen

? *Schlagen Sie nicht eigentlich vor, dass ich mein Kind loben soll für Dinge, die es tun sollte, aber nicht tut?*

☞ Genau. Ihr Kind tut sie *nicht*. Aber wenn Sie es loben, erhöht sich die Chance, dass es sie tut.

? *Ich habe das Gefühl, dass ich immerzu gebe und gebe und komme mir dabei wie ein komplettes Weichei vor.*

☞ Unser ADDapt-Programm ist daraufhin angelegt. Ich »weiche Sie auf« zu einem bestimmten Zweck. Die Probleme mit ADS-Kindern entstehen, weil sie die drei Ks – Konfrontation, Kritik und Kontrolle – zu früh erlernen. Wenn wir uns hingegen auf die entgegengesetzten Verhaltensweisen konzentrieren – Annehmen, Vorausschauen und Loben –, dann erhöhen wir damit die emotionale Verbundenheit zwischen Ihnen und Ihrem Kind.

? *Was ist mit meinen anderen Kindern – werden sie in all dem Lob nicht eine einseitige Bevorzugung sehen?*

☞ Na und? Sagen Sie ihnen, dass Sie sie genauso lieben, dass Sie aber versuchen, die Situation für ihren Bruder oder ihre Schwester zu verbessern. Wenn es nicht zu kompliziert ist und sie alt genug sind, warum beteiligen Sie sie nicht daran, ihrem Geschwister positive Erfahrungen anzubieten?

 Rekapitulation

- Aufgabe 1 – loben Sie, was immer Ihr Kind gerade gut macht.
- Aufgabe 2 – loben Sie alles, was Sie öfter sehen möchten.

☑ Letzter Tipp für den Erfolg

- Vielleicht finden Sie nicht genug Gelegenheiten zum Loben? Denken Sie daran, was der amerikanische Autor Dale Carnegie in seinem Buch *Wie man Freunde gewinnt und Menschen beeinflusst* schreibt:»Schmeichelei funktioniert, selbst wenn die Leute wissen, dass Sie schmeicheln« (Carnegie, 1930). Machen Sie sich keine Sorgen, dass zu viel Lob kontraproduktiv sein könnte. Wenn ein Kind sich durch Lob besser fühlt, dann gibt es keinerlei Nachteile.

Anmerkung: Die Fähigkeit, Ihr Kind zu loben und zu ermutigen, kann enorm gestärkt werden, wenn Sie *sich selbst* mit Lob und Ermutigung umgeben können. Bringen Sie Ihren Partner, Ihre Freundin oder Ihre Verwandten dazu, dieses Kapitel zu lesen, und vielleicht werden Sie von ihr oder ihm ebenfalls mit Lob und Unterstützung überhäuft. Wir alle haben die Neigung, darauf hinzuweisen, was andere besser machen könnten! Als Eltern eines ADS-Kindes haben Sie es nötig, dass Ihnen nahe stehende Menschen den Rücken stärken. Diese können die Techniken in diesem Kapitel anwenden – darauf achten, was *Sie* richtig machen, Sie dafür loben und es wiederholen, bis Sie es glauben. Sehen Sie auch im Anhang 1 nach:»Zusammenarbeit in der Partnerschaft«.

5. Schritt
Immer im Mittelpunkt stehen müssen:
wie damit umzugehen ist

Um das Verhalten Ihres Kindes zu ändern, müssen Sie über drei Kommunikationsfähigkeiten verfügen:

1. Loben Sie, um das Selbstwertgefühl zu steigern (4. Schritt): Sie haben diesen ersten Schritt getan, und Sie loben Ihr Kind wieder und wieder … darum will ich Sie meinerseits loben: Das haben Sie gut gemacht!
2. Ignorieren Sie negative Aufmerksamkeitssuche (5. Schritt).
3. Geben Sie klare Anweisungen (6. Schritt).

Der 5. Schritt zeigt die wirkungsvollen Strategien des Ignorierens, die Sie brauchen, damit die Wutausbrüche, Tobsuchtsanfälle und Endlosforderungen, die Ihr Familienleben lähmen, der Vergangenheit angehören. Das Ignorieren von albernem bzw. schlechtem Verhalten ist genauso wichtig wie Loben, aber es kann sehr viel schwieriger sein.

Im 5. Schritt lernen Sie:

- warum Kinder mit ADS immerzu nach Aufmerksamkeit verlangen;
- was Sie ignorieren müssen;
- wie Sie es ignorieren müssen.

Ihre einzige neue Aufgabe besteht darin, den nun folgenden Teil zu lesen und die Übung am Ende durchzuführen.

Ihre nächste große Herausforderung

Neben dem Lob für gutes Verhalten ist das Ignorieren des ständigen Strebens nach Aufmerksamkeit Ihre zweite große Aufgabe.

Wir wissen alle, wovon hier die Rede ist. Ein ADS-Kind neigt dazu, Sie ständig zu unterbrechen; es wird wahrscheinlich einen Wutanfall bekommen, wenn Sie nicht sofort auf es eingehen; es fordert Ihre Aufmerksamkeit *jetzt*; es wird rasen und toben, wenn Sie es bitten, sich eine Minute zu gedulden; es will immer im Zentrum der Aufmerksamkeit stehen und wird Unsinn machen, um dies zu erreichen.

Die Falle der negativen Aufmerksamkeit

Es ist nichts Ungewöhnliches, dass Kinder versuchen, so viel Aufmerksamkeit zu bekommen wie möglich. Die Aufmerksamkeit, die sie am meisten mögen, ist Lob und aktive Teilnahme. Aber negative Aufmerksamkeit – die Art von Zuwendung, die sie bekommen, wenn sie ungezogen sind – ist besser als gar keine Aufmerksamkeit.

Aufmerksamkeit, die Kinder wollen

Lob und Interesse sind am besten (☺)
Negative Aufmerksamkeit ist am zweitbesten (☺)
Keine Aufmerksamkeit ist unerträglich (☹)

Alle kleinen Kinder können frech und aufsässig sein, um die Aufmerksamkeit ihrer Eltern zu gewinnen. Doch mit der Zeit lernen die meisten, wie sie zu positiver Aufmerksamkeit kommen, indem sie sich manierlich verhalten. Positive Aufmerksamkeit wird natürlich lieber in Empfang genommen als negative, und also besteht die Tendenz, dass gutes Verhalten häufiger wird als schlechtes. Das Ungewöhnliche bei ADS-Kindern ist nun, dass sie in ihrer gesamten Kindheit vom frechen, negativen Aufmerksamkeitsheischen nicht loskommen. Sie wachsen aus diesem Verhalten nicht heraus wie andere Kinder. Das ist die Falle der negativen Aufmerksamkeit.

ADS-Kinder werden in dieser Falle gefangen, weil es so schwer für sie ist, ihre Eltern durch gutes Benehmen zu erfreuen. Wenn es leicht für sie wäre, zehn Minuten lang still für sich zu spielen oder sich nach dem zu richten, was man ihnen sagt, dann würden sie das tun, um ihnen eine Freude zu machen. Aber es ist eben nicht leicht für sie. Wenn sie versuchen, brav zu sein, dann misslingt es ihnen gewöhnlich. Und es misslingt ihnen so oft, dass sie viel zu selten positive Resonanz erhalten, um sich wirklich sicher zu fühlen – selbst in der liebevollsten Familie.

Doch wie alle Kinder lernen sie schnell, dass störendes Verhalten Aufmerksamkeit erregt. Es ist nicht die beste Aufmerksamkeit, aber es *ist* Aufmerksamkeit und sie können sie *leicht* erhalten. Also stürzen sie sich darauf. Wenn sie sich schlecht benehmen, werden sie wahrgenommen, und wahrgenommen zu werden gibt ihnen das Gefühl, wichtig zu sein. Schlechtes Verhalten heißt meistens auch, dass von ihnen weniger erwartet wird, dass weniger Ansprüche an sie gestellt werden, Dinge zu tun, die ihnen besonders schwer fallen. Zum Beispiel:

Es ist Zeit für Ulli (sechs Jahre alt), sein Spielzeug aufzuräumen, sich für die Badewanne fertig zu machen und dann ins Bett zu gehen. Seine Mutter Karen bittet ihn lieb: »Räume bitte deine Spielsachen in die Kiste.«

Zehn Minuten später spielt er immer noch – er ist vollkommen ins Spiel versunken; er will nicht baden.

Seine Mutter wird lauter: »Ich habe dir gesagt, du sollst das wegräumen!«

Ulli bekommt einen Wutanfall, schleudert Legoteile im Zimmer umher. Jetzt *schreit* seine Mutter ihn an. Gleichzeitig geht sie durchs Zimmer und *räumt die Unordnung auf*, die er verursacht hat.

Mit einem einfachen Wutausbruch hat Ulli:

- jede Menge Aufmerksamkeit auf sich gezogen;
- das Bad hinausgezögert;

und

- seine Mutter ganz allein für sich.

Die Veränderung der Situation

Schreien, Streiten und ein Klaps beenden die Ungezogenheit nicht, weil es sich dabei immer noch um Formen von Aufmerksamkeit handelt – die zwar aus dem schlechten Benehmen des Kindes resultiert, aber immerhin. Paradoxerweise kann Bestrafung also tatsächlich die »Belohnung« für schlechtes Verhalten sein. Negatives Streben nach Aufmerksamkeit wird ein tief verwurzeltes Verhaltensmuster, das sich kaum durch Medikamente abstellen lässt und gewiss nicht durch einen Appell an die Vernunft des Kindes.

Um Ihr Kind aus der Falle der negativen Aufmerksamkeit herauszuholen, müssen Sie zwei Dinge gleichzeitig tun:

1. Sie müssen sein gutes Verhalten immer wieder loben und es Ihrem Kind so leicht wie möglich machen, positive Aufmerksamkeit – die beste Art – zu bekommen. Sie haben damit schon angefangen.
2. Sie müssen aufhören, Ihr Kind mit Ihrer Aufmerksamkeit zu »belohnen«, wenn es sich danebenbenimmt.

Ihr Motto muss von nun an lauten: Entziehen Sie dem schlechten Verhalten jede Aufmerksamkeit und belohnen Sie das gute Verhalten mit Aufmerksamkeit und mit Lob.

Was Sie ignorieren müssen und was nicht

Jedes Mal, wenn Sie dummem, irritierendem Verhalten Beachtung schenken, erkennt Ihr Kind, wie es Ihre Aufmerksamkeit auf sich lenken kann. Weil es funktioniert, wird es sich öfter so verhalten. Wenn es dagegen nicht funktioniert, wird es sich seltener so verhalten, insbesondere wenn es vermehrt Ihre Aufmerksamkeit durch gutes Benehmen gewinnen kann. Von jetzt an dürfen Sie nur noch ganz selten auf schlechtes Benehmen reagieren.

Das Rezept ist simpel: Um das Bedürfnis nach negativer Aufmerksamkeit auszutrocknen, müssen Sie mehr ignorieren. Es klingt einfach, aber ich weiß, dass es das nicht ist. In der Praxis kann Ignorieren ganz schön hart sein. Sie müssen sich also über Folgendes im Klaren sein:

- welches Verhalten Sie *definitiv ignorieren* müssen;
- welches Verhalten Sie *definitiv beantworten* müssen.

Ich sage Ihnen jetzt, was Sie definitiv ignorieren sollten:
⇨ *Ignorieren Sie* das Betteln um Süßigkeiten beim Einkaufen.
⇨ *Ignorieren Sie* jeden rücksichtslosen Versuch, den eigenen Willen sofort durchsetzen zu wollen.
⇨ *Ignorieren Sie* Wutanfälle, wenn das Kind seinen Willen nicht durchsetzt.
⇨ *Ignorieren Sie* dumme Angewohnheiten, mit denen das Kind Ihnen auf die Nerven gehen und Ihre ungeteilte Beachtung gewinnen will (wie das Herumschnippen von Essen auf dem Tisch).

Es gibt allerdings Dinge, die Sie nicht ignorieren können:
⇨ *Ignorieren Sie nicht*, wenn Ihr Kind Gefahr läuft, sich zu verletzen.
⇨ *Ignorieren Sie nichts*, was andere verletzen könnte.
⇨ *Ignorieren Sie nichts*, wobei Dinge zerstört werden können, die sich nicht ersetzen lassen.

Schutz muss Ihre erste Priorität sein, und Sie müssen immer handeln, um die Situation sicher zu machen. Da haben Sie keine Wahl.
Die folgende Tabelle illustriert diese Probleme. Es handelt sich um einen Überblick über 15 Minuten Interaktion zwischen Helen und ihrem Sohn Ulli. Helen wollte die entsetzlichen Probleme, die Sie mit Ullis Trotzreaktionen hatte, verringern. Als ersten Schritt musste ich herausfinden, ob sie Ullis Suche nach Aufmerksamkeit mit zu viel Beachtung belohnte.

Zeit	Was Ulli tat	Wie Helen darauf reagierte
8 Uhr	Lehnt sein Frühstück ab. Die Milch sei zu warm.	Helen schüttet die Milch weg. Sie bietet neue Optionen an – die Ulli alle ablehnt. »Was willst du denn dann?«, fragt sie jedes Mal, wenn er ablehnt.
8.03	Will Kartoffelchips … wiederholt immer wieder:»Ich will Chips.«	Helen hört auf, sich um das Frühstück für den 3-jährigen Heinz zu kümmern. Sie sagt fünf Mal zu Ulli: »Kein Frühstück, keine Chips.« Sie wiederholt es jedes Mal, wenn er sagt: »Ich will Chips.«
8.05	Ulli versucht an den Hängeschrank zu kommen, wo die Chips aufbewahrt werden. Kommt nicht dran, tritt gegen die Wand. Er schreit sehr laut: »Gib mir die Chips!«	Helen schreit zurück: »Hör mit dem Geschrei auf … du bekommst keine.« Heinz fängt an zu weinen, weil seine Mama ihn vernachlässigt.
8.08	Ulli ist im Wohnzimmer und schaltet immerzu den Fernseher ein und aus und sieht Helen an, um ihre Reaktion zu prüfen.	Helen schreit Ulli an: »Wenn du das noch mal machst, wirst du sehen, was ich mache!«
8.10	Sieht Helen an, schaltet den Fernseher an und aus und grinst.	Helen jagt Ulli – er rennt lachend vor ihr davon. Sie jagt ihn in die Küche.

8.12	Ulli packt die Haare seines Bruders und zieht fest daran.	Helen packt Ulli und gibt ihm eine heftige Ohrfeige. Sie hebt den weinenden Heinz hoch.
8.14	Ulli lacht Helen aus, um zu zeigen, dass es »nicht wehgetan hat«. Er geht wieder zum Fernseher und schaltet ihn an und aus.	Sie setzt Heinz ab. Geht zum Fernseher, zieht den Stecker aus der Steckdose und entfernt die Antenne. Sie kehrt Ulli den Rücken.
8.15	Er wirft sich in einem Wutanfall auf den Boden.	Helen ignoriert ihn.

Die Szene kommt Ihnen vielleicht bekannt vor. Aber was hätte Helen tun können, um die Situation zu ändern?

Beachten Sie zunächst, welche fadenscheinigen Vorwände Ulli in den ersten fünf Minuten benutzt, um sich wichtig zu machen. Sie haben zum Ziel, dass Helen sich ganz auf ihn und nicht auf seinen Bruder Heinz konzentriert. Unglücklicherweise fällt Helen jedes Mal darauf herein. Sie reagiert immer wieder auf seine Provokation. Statt zu ignorieren, belohnt sie seine Sucht nach Aufmerksamkeit und darum macht er damit weiter.

Achten Sie nun darauf, dass Helen erst am Ende der Viertelstunde – wenn alle unter Druck stehen und wütend sind – die *einzige Waffe* benutzt, die sie gegen Ullis Aufmerksamkeitsdrang hat, nämlich ihn zu ignorieren.

Und schließlich verhält Helen sich absolut großartig, als sie den Stecker zieht – und damit die Quelle der Belästigung beseitigt – und ihm dann ihren Rücken zukehrt und seinen Wutanfall nicht weiter beachtet.

Als wir diese Szene miteinander durchsprachen, erkannte Helen, dass sie all dem Unsinnigen seines Aufmerksamkeitsdrangs die Nahrung entziehen musste. Ich ermutigte sie, nach Gelegenheiten zu suchen, in denen sie Ullis positives Verhalten bestärken konnte – außerhalb der Zeiten, in denen sie über Kreuz waren oder stritten. Das bedeutete, dass sie *jedes Mal* wahrnahm, wenn Ulli kooperativ oder vernünftig war.

Helen durfte nicht ignorieren, dass Ulli Heinz an den Haaren zog! Sie *musste* eingreifen und dies beenden. Doch es gab viele Gelegenheiten – sowohl vor wie nach diesem Zwischenfall –, Ullis Verhalten zu ignorieren, und sie hatte vollkommen Recht, als sie den letzten Wutanfall ignorierte.

Tipp für den Erfolg

- Konsequenz setzt sich durch (siehe die Goldene Regel Nr. 4: Seien Sie konsequent, Seite 43f.). Viele Eltern ignorieren die richtigen Dinge zur richtigen Zeit, aber dann verschenken sie alles, weil sie nicht dabeibleiben, wenn ihr Kind sie auf die Probe stellt.

Die harte Prüfung

Kinder in der negativen Aufmerksamkeitsfalle sind Experten darin, Dinge zu tun, die Sie wirklich treffen. Dinge, die Sie nur mit großer Mühe und Selbstbeherrschung ignorieren können. Wegen einer langen Geschichte lästiger Verhaltensweisen neigen viele Eltern dazu, erste Anzeichen dafür zu entdecken und schnell zu reagieren und sich zu sehr auf dieses Verhalten einzuschießen. Unglücklicherweise verstärken sie damit immer dieselbe Botschaft an das Kind: »Um Mamas und Papas Aufmerksamkeit zu gewinnen, muss man sich schlecht aufführen!« Denken Sie daran: Halten Sie immer Ausschau nach gutem Benehmen!

Machen Sie DICHT

Um dem schlechten Betragen das Aufmerksamkeitspotenzial zu entziehen, müssen Sie *es überzeugend ignorieren*. Der Einprägsamkeit halber rate ich Ihnen: Machen Sie DICHT, denn genau das müssen Sie tun, damit Ihre Botschaft ankommt:

D steht für Dagegenhalten: Beenden Sie jedes Gespräch. Sagen Sie kein weiteres Wort, bis Sie es für richtig halten.

I steht für Ignorieren: Sehen Sie weg. Kein Augenkontakt.

C steht für Coolbleiben: Zeigen Sie keine Reaktion. Wann immer es möglich ist, lassen Sie sich auf keine Gespräche oder Diskussionen ein, die Ihrem Kind zeigen, dass es Sie wieder ins Spiel zurückholen kann.

H steht für Hartbleiben: Verkneifen Sie sich jedes Lächeln. Das kann für liebende Eltern das Schwierigste sein. Aber geben Sie keinem der Versuche Ihres Kindes nach, Sie zum Lachen oder zum Lächeln zu bringen.

T steht für Timing: Hören Sie erst auf, wenn Sie es für richtig halten. Lassen Sie sich nichts von Ihrem Kind aufzwingen. Hören Sie mit dem Ignorieren erst auf, wenn Sie das Gefühl haben, dass Ihre Botschaft angekommen ist.

Ich weiß, das alles klingt ziemlich hart, aber im Kontext einer liebevollen Beziehung ist »Dichtmachen« nicht nur sehr viel wirkungsvoller, es ist auch weniger schädigend für ein Kind als Ohrfeigen (wobei Sie die Kontrolle über sich und die Situation verloren haben) oder ständiges Meckern (womit Sie das Selbstvertrauen Ihres Kindes untergraben).

Fallstricke und eine neue Strategie

Benutzen Sie die Zeilen unten, um alle Fallstricke aufzuführen, die Ihnen in Ihrem derzeitigen Umgang mit dem Aufmerksamkeitsdrang einfallen.

....
....
....
....
....
....
....
....

Dann notieren Sie wenigstens einen der obigen Vorschläge, der für Sie neu ist und der nützlich sein könnte, Ihre Strategie in der nächsten Woche zu verbessern:

....
....
....
....
....
....
....

Denken Sie daran: Die Energie, die Sie in Ihre Kommunikationsfähigkeiten stecken, zahlt sich in Ihrer wachsenden Zuversicht aus und in der Tatsache, dass die Situation für Ihr Kind viel klarer wird.

 Häufig gestellte Fragen

? *Ein entschlossenes Kind zu ignorieren kann sehr anstrengend sein. Wie soll ich das immer und immer wieder schaffen?*

☞Versuchen Sie, sich ganz auf Ihr langfristiges Ziel einer dauernden Verhaltensänderung zu konzentrieren und nicht auf kurzfristige Erleichterungen oder Bequemlichkeit, die ein Nachgeben oder Rückzieher zur Folge haben können. Machen Sie regelmäßig Gebrauch von Ihren starken Motivkräften, die Sie mit dem 1. Schritt des Programms erworben haben.

? *Woran erkenne ich, dass ich in meiner Kommunikation besser werde?*

☞Zum Beispiel daran, dass Ihr Kind sich verändert. Wenn Sie keinerlei Einfluss haben, dann stimmt etwas nicht. Eine weitere Möglichkeit ist, Feedback von jemand anderem zu bekommen. So seltsam es klingen mag, ich empfehle allen meinen Klienten, jemanden zu finden, dem sie vertrauen und der ihre Kommunikationsbemühungen beobachtet. Diese Person kann Ihr Partner sein oder eine/r Ihrer Eltern oder noch wahrscheinlicher jemand aus Ihrem Freundeskreis, die/der Verständnis dafür hat, was Sie zu erreichen versuchen, und eine ausgewogene Beurteilung Ihrer Bemühungen geben kann.

 **Rekapitulation**

Um das Streben nach Aufmerksamkeit zu ändern:

Belohnen Sie ...	Ignorieren Sie ...
alles, was Ihr Kind nach ein- oder zweimaligem Bitten tut.	lästige Versuche, Publikum zu bekommen, z. B.: • Chips statt Frühstück fordern; • schreien, gegen Möbel treten.
jeden Versuch, Ihnen einen Gefallen oder etwas in Ihrem Sinn zu tun.	Wutanfälle, wenn es seinen Kopf nicht durchsetzen kann.
alles, was es tut und von dem Sie mehr sehen wollen, z. B.: • 5 Minuten sich mit einem Buch beschäftigen; • nicht stöhnen, wenn es gebeten wird, etwas zu tun.	wenn es etwas tut, was es nicht soll und von dem es weiß, dass es Sie stört, z. B.: • immer und immer wieder den Fernseher an- und ausschalten; • immer und immer wieder denselben dummen Kommentar geben.

☑ **Letzter Tipp für den Erfolg**

• Stellen Sie sich im Voraus auf die problematischen Zeiten ein, in denen die Suche nach negativer Aufmerksamkeit besonders schlimm ist – z. B. das morgendliche Aufstehen und Anziehen, Mahlzeiten, Bade- und Schlafenszeit. Das sind die Situationen, in denen Sie wahrscheinlich unter besonderer Nervenanspannung stehen und am schlechtesten mit Ungezogenheit fertig werden. Und Ihr Kind weiß das sehr genau. Seien Sie also darauf vorbereitet, indem Sie eine Reihe von Aktivitäten bereithalten, die die Aufmerksamkeit Ihres Kindes für kurze Zeitspannen binden. Indem Sie es beschäftigt halten, können Sie es von aufmerksamkeitsheischendem Unfug ablenken.

Haben Sie ein Auge darauf, was geschieht, und gehen Sie zu einer anderen Beschäftigung über, wenn Sie merken, dass Ihr Kind ein bisschen zappelig und unruhig wird. Erstellen Sie eine Liste von Beschäftigungen, um besonders belastete Zeiten mit Ablenkung und Anregung zu füllen:

Extrabeschäftigungen

1. 10 Minuten Video schauen;
2. Brotstücke für die Vögel schneiden;
3. die alten Zeitungen in die Kiste mit dem Altpapier legen;
4. ....

....

....

....

....

....

....

....

....

....

....

....

---

6. Schritt
Das Geheimnis der »richtigen Befehle«

Fabelhaft! Der 6. Schritt – Sie haben die Hälfte des Weges geschafft und Sie lesen immer noch weiter. Darf ich Ihnen gratulieren?

Alles, was wir bisher besprochen haben, zielte darauf ab, eine positive Herangehensweise im Umgang mit dem Verhalten Ihres Kindes zu bewerkstelligen. Jetzt ist die Zeit gekommen, uns mit den Beschränkungen und Grenzen zu beschäftigen, mit denen das ADS-Kind solche Mühen hat.

Im 6. Schritt werden wir uns damit beschäftigen, wie man wirkungsvolle Befehle erteilt. Ich bin zuversichtlich, dass Sie recht bald ein Experte bzw. eine Expertin darin sein werden. Sie werden insbesondere

- lernen, kraftlose Befehle zu erkennen – das heißt unbestimmte, »weitschweifige«, fragende oder bittende Befehle sowie solche, die mit »Lass uns« und »Wir wollen« anfangen;
- Alternativen dazu kennen lernen, die wirkungsvoller und eindeutiger sind;
- entdecken, wie Sie sich wirksam Ihrem Kind gegenüber durchsetzen können.

Machen Sie die Botschaft klar

»Die Welt ist eine Bühne« und alle Eltern haben ein Publikum – nämlich ein Kind, das ununterbrochen die Botschaften empfängt, die sich verbal und nonverbal äußern können. Als Eltern müssen Sie viele Rollen spielen: den Unbeugsamen, die Trösterin, den Organisator, die Schiedsrichterin und den Diktator. Wie oft spielen wir diese Rollen, selbst wenn wir einmal keine

Lust dazu haben. Das ist die Verantwortung des Elternseins. Die Frage ist – spielen Sie jede Rolle so gut, wie Sie können?

Die Botschaft, die wir tatsächlich vermitteln, ist nicht notwendigerweise diejenige, die wir zu vermitteln glauben. Handlungen können »lauter« sein als Worte. Wenn wir durch Worte, Gesten, Tonfall und so weiter anderen etwas mitteilen, so glauben wir, dass wir das, was wir meinen, klar und unmissverständlich äußern. Es besteht aber immer die Möglichkeit, dass unsere Botschaft anders aufgenommen wird, als von uns beabsichtigt war.

Haben Sie je erlebt, dass Sie etwas zu jemandem sagten und statt der erwarteten die gegenteilige Reaktion eintrat? Vielleicht haben Sie eine traurige Geschichte erzählt und ein Lächeln hervorgerufen. Vielleicht haben Sie ganz normal gesprochen und wurden gebeten, sich zu beruhigen. Ist Ihnen je begegnet, dass jemand zu Ihnen sagte: »Lass den Kopf nicht hängen«, als es Ihnen gut ging, oder: »Was macht dich so fröhlich?«, als es Ihnen überhaupt nicht bewusst war? Diese einfachen Beispiele illustrieren, dass wir nicht immer hundertprozentig sicher sein können, dass es mit unserer Kommunikationsfähigkeit auch klappt. Na sicher, es liegt an den anderen und nicht an Ihnen, aber manchmal liegt es eben doch an Ihnen, und das ist es, was wir hier näher betrachten und verbessern wollen.

Entschiedenes Sprechen mit schwacher Stimme wird jedes Kind verwirren – insbesondere ein Kind mit ADS. Die Botschaft, die Sie vermitteln, muss mit der Botschaft, die Sie beabsichtigen, übereinstimmen. Das heißt, dass Sie nicht nur bestimmt und entschieden sprechen, sondern auch bestimmt und entschieden *erscheinen* und bestimmt und entschieden *sind*. Konsequenz ist das Stichwort bei ADS-Kindern: sowohl Konsequenz der verbalen wie der nonverbalen Kommunikation und Konsequenz über einen längeren Zeitraum.

Es gibt wahrscheinlich gute Gründe dafür, warum unsere Botschaften manchmal mehrdeutig sind. Zum Beispiel:

- Sie befürchten, Ihrem Kind wehzutun, wenn Sie streng und kalt zu ihm sind.

- Sie machen sich Sorgen, dass Ihr Kind Ihnen mit Hass begegnen wird, wenn Sie hart bleiben und nicht nachgeben.
- Sie erinnern sich an Ihre eigene Kindheit – z. B. wie Sie sich eingeschüchtert, ungeliebt oder vernachlässigt fühlten.
- Sie erinnern sich an Ihre Mutter oder Ihren Vater, und Sie wollen es anders machen.
- Sie sind sich unsicher, ob Sie das Richtige tun.

Diese Gefühle der Schuld, Sorge und Unsicherheit werden sich mit fast unausweichlicher Sicherheit in Ihrer Körpersprache ausdrücken. Das kann Sie daran hindern, Ihre Aufgabe effektiv zu erfüllen.

Es ist schwer, das Kind dazu zu bringen, dass es tut, was man ihm sagt

ADS-Kinder widersetzen sich Befehlen, weil sie glauben, sie nicht erfolgreich ausführen zu können, und es stattdessen vorziehen, Sie zum Rückzug zu zwingen. Sie selbst versuchen, dem zu begegnen, indem Sie Ihr Kind darauf hinweisen, wie oft es Ihnen Freude macht und wie oft ihm etwas gelingt. Doch in den Wochen, die vor Ihnen liegen, werden Sie nicht darum herumkommen, dass Sie sich behaupten müssen. Von jetzt an wird es oft und immer öfter darauf ankommen, dass Sie mit Bestimmtheit klare Grenzen setzen und ihnen Geltung verschaffen. Also steht in diesem Stadium das Üben von eindeutigen Befehlen an vorderster Stelle.

Die drei wichtigsten Richtlinien zum Befehlegeben

1. Wenn Sie einen Befehl geben wollen, dann überlegen Sie zuerst, ob Sie in der Lage sind, darauf zu bestehen, dass er auch ausgeführt wird. Bedenken Sie: Der Unterschied zwischen einem Befehl und einer Bitte ist der, dass Sie bei einem Befehl nicht bereit sind, nachzugeben oder das Verlangte selbst zu tun.
2. Befehle funktionieren am besten, wenn die Aufmerksamkeit des Kindes Ihnen gehört. Rufen Sie seinen Namen und warten Sie, bis es Sie ansieht, bevor Sie ihm sagen, was es tun soll.
3. Geben Sie Ihrem Kind Zeit, Folge zu leisten. Kinder testen immer aus, ob ihre Eltern es wirklich ernst meinen mit ihrer Forderung, und warten ab. Seien Sie also nicht ungeduldig. Geben Sie Ihrem Kind immer Zeit, die Aufgabe anzugehen, bevor Sie einen weiteren Befehl folgen lassen.

Ein neuer Ansatz, der auf diesen Prinzipien basiert, ist nicht schwer zu erlernen. *Fassen Sie Ihre Befehle kurz und gebrauchen Sie eine Sprache, die Ihr Kind verstehen kann* (das gilt für jedes Alter).

Hüten Sie sich vor allem vor unwirksamen Befehlen – eine Falle, in die viele Eltern tappen. Hier sind die Befehlsarten, die Sie vermeiden müssen:

- unbestimmt;
- »überfrachtet«;
- fragend;
- die Art, die mit »Lass uns« und »Wir wollen« anfangen;
- bittend.

Vermeiden Sie unbestimmte Befehle

Betrachten Sie folgendes Beispiel:

»Räume dein Spielzeug weg.«

Dieser Befehl ist zu unbestimmt. Er sagt nicht genau, was getan werden muss. Wenn Sie nicht genau sagen, was Sie wollen, wie soll das Kind Ihnen folgen?

Eine klarere Botschaft könnte so aussehen:

»Räume dein Spielzeug weg. Ich möchte, dass die Puppen in die blaue Kiste und die Bauklötze in die rote Kiste kommen und beide unterm Bett verschwinden. Ich komme in fünf Minuten wieder.«

Das ist sehr viel effektiver.

Vermeiden Sie »überfrachtete« Befehle

Hier geht es um die Art von Befehlen, in denen zu viele Informationen gegeben werden, wie:

»Ich möchte, dass du dein Spielzeug jetzt wegräumst. Trödle nicht herum so wie sonst und lass nicht wieder Sachen herumliegen, die ich dann aufheben muss … Und komm nicht herunter, bevor du damit fertig bist! Ich habe es dir jetzt dreimal gesagt, und das ist meine letzte Warnung.«

Einen *unbestimmten* Befehl zu geben, ist schlimm genug, aber hier gibt die Mutter oder der Vater mehr und mehr Anweisungen. Ich nenne dies »überfrachtete« Befehle, weil sich in ihnen immer mehr Informationen anhäufen. Vieles davon ist unwichtig. Wenn verschiedenartige Dinge in dieser Weise miteinander verknüpft werden, wird ein kleines Kind nur verwirrt. Der Wortschwall dient nicht dazu, die Anweisung klar zu machen – er schwächt sie nur ab.

Vermeiden Sie auch, Ihre Befehle mit Kommentaren zu überfrachten wie:

»Das habe ich dir schon tausend Mal gesagt.«

»Wann wirst du das endlich begreifen? Los, antworte mir! Wann?«

Stattdessen reicht »Jetzt weg mit dem Spielzeug! Ich komme in fünf Minuten wieder« gewöhnlich aus.

 Tipp für den Erfolg

- Halten Sie immer einen Moment inne, bevor Sie einen Befehl geben, und werden Sie sich erst darüber klar, was Sie sagen wollen. Dann seien Sie kurz und bündig.

Vermeiden Sie fragende Befehle

Hier folgen ein paar Beispiele für fragende Befehle:

Mutter: »Hängst du deine Jacke jetzt auf oder nicht? Lass uns das jetzt erledigen, ja?«
Kind: »Nein!«
Mutter: »Willst du wohl hören?! Willst du wohl tun, was ich sage?!«
Kind schweigt.
Mutter: »Warum verhältst du dich so? Willst du, dass ich wieder wütend werde?«
Kind: »Weiß ich nicht.«

Wissen *Sie* noch, um was es eigentlich geht? Das Kind gewiss nicht. Der klassische Fehler ist hier das Mischen von Fragen und Befehlen.

Ich weiß, dass Eltern solche Fragen benutzen, um ihre Kinder zum Nachdenken zu bringen. Aber tun Sie das nicht, wenn Sie Befehle geben.

Ein Befehl ist keine Frage. Sie wollen etwas ausgeführt haben und Sie wollen es jetzt. Also ist es überflüssig und verwirrend, ihn in eine Frageform zu kleiden. Diese Mutter hat ihr Kind zum Nachdenken über die Gefühle seiner Mama gebracht, aber nicht dazu, sich auf das Aufhängen der Jacke zu konzentrieren!

Ich behaupte, dass »Hänge deine Jacke auf« effektiver ist.

Vermeiden Sie »Lass uns« und »Wir wollen«

»Lass uns die Kreide wegräumen. Komm, wir wollen Mama zuliebe ein guter Junge sein, ja?«

»Lass uns die Zähne putzen, wollen wir?«

»Wir wollen uns heute Morgen zeitig anziehen, ja?«

Satzanfänge wie »Lass uns« und »Wir wollen« sind angebracht, solange Sie sich tatsächlich beteiligen wollen und keine verkleideten Befehle geben. Viele Eltern sagen »Lass uns« und »Wir wollen«, wenn sie eigentlich meinen »Tu das«. Dann wundern sie sich und sind verärgert, wenn ihr Kind erwartet, dass sie mit Hand anlegen oder die Aufgabe selbst lösen.

 Tipp für den Erfolg

- Wenn Sie wirklich das Gefühl haben, dass Ihr Kind Hilfe braucht, dann machen Sie ihm klar, dass es, wenn nötig, um Hilfe bitten kann. Zum Beispiel:

»Putz deine Zähne, Schatz – wenn du Probleme hast, dann ruf mich.«

Vermeiden Sie bittende Befehle

»Ich wäre dir sehr dankbar, wenn du mit dem Treten aufhören würdest! … *Bitte.*«

Vermischen Sie nie einen Befehl mit einer Bitte. Sprechen Sie nur klar das aus, was Sie wollen.

Fallstricke und neue Verhaltensweisen

Benutzen Sie die Zeilen unten, um alle Fallstricke aufzuführen – unwirksame Arten, Befehle zu erteilen –, die Sie bei sich selbst entdecken.

....

....

....

....

....

....

....

....

Dann notieren Sie als Gedächtnishilfe eine alternative Strategie für die nächste Woche.

....

....

....

....

....

....

....

....

Abschließender Tipp für den Erfolg

- Sorgen Sie für den richtigen Ton – klingen Sie ernst und bestimmt. Aber vermeiden Sie, wütend oder aggressiv zu klingen, werden Sie nicht erregt oder rot im Gesicht. Dies würde Ihre Aufgabe erschweren. Warum? Nun, aus der Perspektive des Kindes wirken Erregung und Reizbarkeit so, als ob Sie schon wütend auf es wären. Und wenn Sie bereits wütend sind, warum sollte es Ihnen dann eine Freude machen, indem es tut, was Sie sagen?

Häufig gestellte Fragen

? *Das klingt mir alles ein bisschen autoritär und nach Kommandoton.*

☞ Sie haben Recht. Wenn dies die hauptsächliche Art der Kommunikation mit Ihrem Kind wäre, wäre es für Ihr Kind bedrückend. Ich empfehle Ihnen nur, dass Sie das richtige Werkzeug zur richtigen Zeit benutzen. Wie oft haben Sie freundlich und höflich um etwas gebeten und waren geduldig, aber es hat nichts genutzt? Ein Kind, das Ihnen auf diese Weise getrotzt hat, wird sich durch einfaches Weitermachen auf diesem Weg nicht plötzlich ändern. Ich empfehle Ihnen also, sich fest und entschieden zu verhalten.

? *Mein Kind wird von meinem »neuen« Verhalten verwirrt, was mir Schuldgefühle bereitet.*

☞ Streng zu sein kann Sie und Ihr Kind mit Unbehagen erfüllen, insbesondere wenn Sie neue Formen des Befehlens ausprobieren. Aber vielleicht müssen wir hier die Dinge auseinander halten. Wenn Sie in einer angemessenen Weise Ihrem Kind Grenzen gesetzt haben, dann gibt es keinerlei Grund, sich deswegen schuldig zu fühlen. Wenn Sie aber dennoch Schuldgefühle haben, dann zeigen Sie es Ihrem Kind nicht. Es wäre sonst eine widersprüchliche Botschaft.

? *Wenn aber nun die Reaktion meines Kindes auf die Grenzen, die ich ihm gesetzt habe, in mir weiterhin Schuldgefühle weckt?*

☞ Letzten Endes werden nicht die Grenzen, die Sie setzen, missbilligt, sondern es wird Ihre Entschlossenheit herausgefordert. Mit anderen Worten, die von Ihnen gesetzten Grenzen sind nicht das Problem; Ihr Kind möchte vielmehr Ihre Fähigkeit testen, sie auch durchzusetzen und daran festzuhalten. Das ist das bekannte Gelände der negativen Aufmerksamkeitsfalle! Wenn Sie diesen Test Ihrer Entschlusskraft schwer erträglich finden, dann können Sie Folgendes tun:

1. Sorgen Sie in Ihrer Umgebung für genügend Rückhalt, der Sie darin bestärkt, die Grenzen wirklich durchzusetzen.

2. Entwickeln Sie einige neue Motivationskräfte (siehe Schritt 1), die Ihnen helfen durchzuhalten, wenn es mühsam wird.

? *Wie steht es mit Verhandeln und Zuhören?*

☞ Zuhören und Verhandeln werden oft verwechselt. Sie sind aber nicht das Gleiche.

Ich behaupte nicht, dass Sie niemals mit Ihrem Kind verhandeln sollen. Doch wenn eine Aufgabe erledigt werden muss, und zwar sofort, hat Verhandeln dabei nichts zu suchen. Höfliches Bitten, Warten und es noch einmal versuchen sind alles Formen des Verhandelns. Tun Sie dies nur, wenn Sie wirklich verhandeln wollen – was bedeutet, dass Sie bereit sind, unter den entsprechenden Bedingungen auch nachzugeben.

Wenn eine Sache nicht verhandelbar ist, dann verhandeln Sie auch nicht.

Zuhören ist hingegen zu jeder Zeit sehr wichtig. Ich kann Ihnen gar nicht genug ans Herz legen, Ihrem Kind zuzuhören, selbst wenn Sie mitten in einer Befehlsaktion sind:

- Schenken Sie ihm Ihre ganze Aufmerksamkeit.
- Unterbrechen Sie es nicht und übertönen Sie es nicht.
- Zeigen Sie, dass Sie Ihr Kind gehört und verstanden haben.

Doch solange das, was Sie gehört haben, Sie nicht umstimmt,

sagen Sie einfach: »Ich verstehe, was du meinst (was du sagen willst), aber ich möchte, dass du dieses Chaos jetzt beseitigst (oder was immer). Wir können später darüber sprechen.«

☑ Letzter Tipp für den Erfolg

- Nachdem Sie erfolgreich Ihren Befehl durchgesetzt haben, können Erklärungen Ihres Standpunktes wesentlich dazu beitragen, die Atmosphäre zu bereinigen. Nach meiner Erfahrung schätzen und respektieren Kinder jeden Alters die Tatsache, dass man sich die Mühe macht, mit ihnen darüber zu sprechen, selbst wenn sie es nicht zeigen. Beim »Darübersprechen« geht es nicht darum, Ihr Kind von Ihrer Entscheidung zu überzeugen oder es gar dazu zu bringen, Sie zu mögen, also vermeiden Sie jede Auseinandersetzung darüber. Das Ziel ist, ein Vorbild dafür zu geben, wie Individuen einander Respekt zollen, gleichgültig welche Differenzen zwischen ihnen bestehen mögen.

7. Schritt
Kämpfe um alltägliche Pflichten

Erneut willkommen! Sie arbeiten hervorragend. Sie
- organisieren Sonderzeiten;
- führen das Familien-Punkte-System durch;
- loben so oft wie möglich;
- ignorieren das Streben nach Aufmerksamkeit;
- geben effektive Befehle.

Hier ist eine gute Nachricht: In diesem Kapitel gibt es keine
Übungen für Sie; Ihre einzige Aufgabe ist, es zu lesen.
Heute untersuchen wir die Ursachen für die Kämpfe um alltägliche Pflichten. Sie werden
1. lesen, warum ADS-Kinder emotional und praktisch so große
   Schwierigkeiten mit alltäglichen Pflichten haben;
2. neu verstehen lernen, wie der Mechanismus funktioniert, der
   Sie und Ihr Kind wegen bestimmter Pflichten miteinander in
   Konflikt geraten lässt.

Diese Information wird Sie auf den 8. Schritt vorbereiten, wenn
Sie Ihr Kind veranlassen, sich selbst zu organisieren und tägliche
Pflichten zu erledigen.

Das Problem mit alltäglichen Pflichten

Es gibt jeden Tag bestimmte Dinge zu tun: früh aufstehen; Sachen wegräumen; das Zimmer ordentlich verlassen; zu einer vernünftigen Zeit ins Bett gehen. Es ist eine lange Liste. Das meiste
ist nur Alltagstrott: Handlungen, die wir täglich wiederholen.
Für Erwachsene sind sie zu Gewohnheiten geworden, über die
wir nicht einmal mehr nachdenken; aber alle Kinder brauchen

Hilfe, um diese Stufe, das Alltagsleben zu managen, zu erreichen; und ADS-Kinder brauchen besondere Hilfe.

Viele ADS-Kinder scheitern regelmäßig, wenn es um die alltäglichen Pflichten geht, und werden dann häufig aggressiv und streitsüchtig. Was die gemeinsame Zeit mit ihren Eltern mit Stress und Konflikten erfüllt. Da hilft es, organisiert zu sein. Das macht das Leben leichter.

Warum sind alltägliche Pflichten für ADS-Kinder so schwer?

Alltägliche Pflichten bezeichnen typischerweise große Konfliktbereiche zwischen ADS-Kindern und ihren Eltern. In vielerlei Hinsicht unterscheiden sich ADS-Kinder übrigens nicht von anderen Kindern, wenn es um Pflichten geht. Sie finden sie langweilig und mögen es nicht, wenn man sie bittet, sie zu erledigen. Alle Kinder müssen lernen, dass Pflichten ein Teil des Lebens sind, und sie alle rebellieren manchmal dagegen. Also ist eine gewisse Rebellion bei ADS-Kindern durchaus normal und gehört nicht zu ihrer spezifischen Verfassung.

Doch für ADS-Kinder sind tägliche Pflichten besonders schwer, weil sie erfordern, was diesen Kindern schwer fällt, wie sich konzentrieren, sich nicht ablenken lassen, bis die Aufgabe erledigt ist, sich erinnern, was als Nächstes dran ist, und der Neigung widerstehen, etwas Spannenderes zu tun.

Wenn wir Kindern alltägliche Pflichten beibringen, ergibt sich gewöhnlich das folgende Bild: »Ich mache es dir vor, dann machst du es nach, und dann wiederholst du es noch einmal.« Aber diese Strategie funktioniert bei ADS-Kindern nicht so gut. Sie begreifen mühelos, wie man etwas macht – ADS-Kinder sind oft intelligent und lernen schnell neue Fertigkeiten –, doch ihre Störung macht es schwierig, das Gelernte in der richtigen Reihenfolge und ohne Ablenkung zu wiederholen – sogar bei Dingen, die ihnen vor nur wenigen Minuten beigebracht worden sind! So wird aus einer Bagatelle ein sehr mühsames Geschäft.

Alltägliche Pflichten: was sie für ADS-Kinder bedeuten	
Scheitern =	**Es schaffen =**
geringeres Selbstwertgefühl	Selbstvertrauen
Streit zu Hause	sich mit anderen auf einer Stufe fühlen
das Gefühl, es Erwachsenen nie recht machen zu können	auf Erfolgen aufbauen zu können
das Gefühl, an allem Schuld zu haben	alles im Griff zu haben

Martina und Dominik

ADS-Kinder scheitern nicht nur bei alltäglichen Pflichten, sondern werden dann auch aggressiv und bekommen Wutanfälle.

Martina hat dieses Problem mit ihrem siebenjährigen Sohn Dominik. »Ich hatte immer das Gefühl, dass ich ständig meckern musste, damit er etwas tat. Ich erwartete immer, dass er dann von sich aus weitermachte und die Dinge erledigte, aber sowie ich ihm den Rücken zukehrte, machte er etwas anderes. Wenn ich ihn dann erinnerte, gab es Krieg. Er war erst vier oder fünf, aber er weigerte sich strikt, das zu tun, was man ihm sagte. Selbst wenn ich ihn ganz freundlich bat: ›Bitte, räume dein Zimmer auf‹, bekam er einen Anfall. Die ganze Straße muss unsere Streitereien gehört haben.«

Viele Eltern berichten von ähnlichen Erfahrungen. Die schlichte Erwähnung einer Aufgabe, die zu erledigen ist, führt zum Wutausbruch.

Martina und Dominik sind ein klassisches Beispiel dafür, wie die Schwierigkeiten beginnen. Martina wusste recht lange nicht, dass Dominik unter ADS litt. Sie erwartete von ihm das Gleiche wie von ihrem älteren Sohn Nathan, der diese

Störung nicht hatte. Sie erwartete, dass Aufgaben einfach und ohne Theater ausgeführt wurden. Natürlich verglich sie die beiden Jungen. Sie musste bei Nathan nicht ständig meckern – er erledigte seine Sachen einfach. So kam sie zu dem Schluss, dass Dominik ungezogen und trotzig ist. Dominik erzählte mir einmal: »Ich weiß nicht warum, aber ich konnte für Mama nie etwas richtig machen. Ich sagte ihr, dass ich nicht weiß, warum ich Dinge vergesse. Sie glaubte mir nicht. Also fing ich an, sie zu hassen, weil sie auf mir herumhackte. Ich fand es unfair.«

Von Anbeginn brachte ihn ADS ins Hintertreffen, insbesondere wenn es darum ging, sich selbst zu organisieren und Aufgaben zu erledigen. Er wollte seiner Mutter Freude bereiten, aber so, wie er sich verhielt, konnte es ihm nicht gelingen. Er fühlte, dass er mehr angegriffen und kritisiert wurde als sein Bruder. Dominik ist ein sensibler und liebevoller Junge. Und er glaubte zu spüren, nicht so gut wie sein Bruder zu sein, er hasste das Gemeckere seiner Mutter und wurde wütend. Als er vier war, fragte er sich, ob seine Mutter ihn überhaupt lieben würde. Und er hatte offensichtlich aufgegeben, ihr Freude machen zu wollen.

Jedes Mal, wenn Martina mit ihm schimpft, ist es, als betätige sie einen Auslöser für diese Gefühle: Dominik schreit und schlägt um sich, um die Aufgaben zu vermeiden, die er so schwer findet und die er hasst. Die Wörter »Räume ... auf« können ausreichen, um ihn aus der Fassung zu bringen. Je wilder er wird, umso weniger hat seine Mutter Lust, ihn zu bitten. Er fühlt sich isolierter denn je.

Dominiks Reaktion verstehen

Dominik ist unsicher, es mangelt ihm an Selbstwertgefühl. Seine beste Verteidigung ist der Angriff. Er hat schon vor langer Zeit gelernt, dass seine Mutter zurückweicht, wenn er wirklich laut schreit. Zunächst genügten kleine Zornesausbrüche, um sie von der Durchsetzung ihres Befehls abzubringen. Jetzt wird sie strenger mit ihm, und er muss schwerere und längere Wutanfälle produzieren, um dies zu erreichen. Da es funktioniert, macht er weiter so.

Martinas Reaktion verstehen
Martina sieht, dass Dominik mit nichts gut zurechtkommt und ihr nie zur Hand geht. Sie erwartet förmlich sein Scheitern und ist frustriert. Sie fühlt sich von den Ausbrüchen ihres Sohnes tyrannisiert. Sie weiß, dass sie Dominik zu viel durchgehen lässt, aber seine Wutanfälle sind so extrem, dass sie ohnmächtig davor steht. Sie ist innerlich voller Wut. Wenn sie streiten, sagt sie in der Erregung Dinge, die sie eigentlich gar nicht so meint, und manchmal rutscht ihr die Hand aus. Sie macht sich Vorwürfe und ist mit ihrem Latein am Ende.

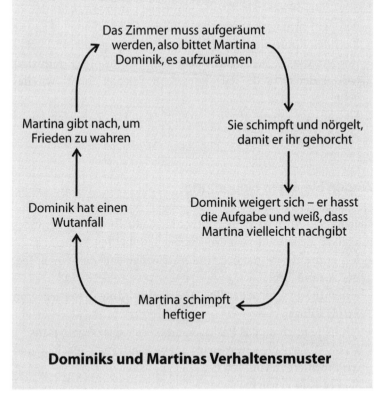

Dominiks und Martinas Verhaltensmuster

Frieden bei den Alltagspflichten

Wenn Ihr Ziel ist,
- dass Ihr Kind schafft, was ihm bisher misslang,
- dass es sich nicht mehr kritisiert und an den Rand gedrückt fühlt,
- Ihrem Kind zu zeigen, dass Sie es verstehen und ihm helfen wollen,

dann muss Folgendes geschehen:

1. Sie müssen dafür sorgen, dass Ihr Kind organisiert ist. Um dies zu bewerkstelligen, müssen Sie eine Aufgabe in einen Zeitplan zerlegen – in eine einfache Abfolge von Schritten, der das Kind folgen kann. Wie Sie dies machen, wird in Schritt 8 erklärt.
2. Sie beide müssen das Verhaltensmuster *unterbrechen*, das zu heftigem Streit zwischen Ihnen führt. Das bedeutet, dass die Zahl der Konfrontationen, bei denen Dinge gesagt und getan werden, die Sie beide nicht beabsichtigen, drastisch reduziert wird – der restliche Teil dieses Kapitels zeigt Ihnen, wie das geht.
3. Sie müssen erneut als Geheimwaffe das Lob einsetzen (siehe Schritt 4).

Wagen Sie einen Neuanfang

Hier folgen ein paar neue Motivkräfte, um Ihnen bei Veränderungen zu helfen, die sich um alltägliche Pflichten drehen:
- Ich konzentriere mich erst einmal genau auf den einen Tag, der vor mir liegt.
- Jeder Tag ist ein neuer Tag und meine Mühen werden zum Erfolg führen.
- Ich halte mich an das Positive und blende das Negative aus.
- Diese »Fahrpläne« werden meinem Kind Spaß machen und ich profitiere davon. Ich bin entschlossen.
- Es gibt kein Zurück.

- Ich hungere den Unfug aus und gebe allem Nahrung, von dem ich mehr sehen möchte.

Vermeiden Sie den Weg zum Streit

Dies sind die zentralen Dinge, die Sie tun müssen, um weiteren Fortschritten auf den Weg zu helfen:

- Denken Sie positiv, auch wenn Sie innerlich voller Zweifel bezüglich Ihres Erfolges sind.
- Beschreiben Sie die neue Strategie in positiven Begriffen.
- Seien Sie erfinderisch. Lassen Sie das neue Vorhaben lustig und interessant klingen: wie ein Spiel.
- Versuchen Sie, positiv gestimmt zu bleiben, selbst wenn Ihre Zuversicht ziemlichen Schaden nimmt. Machen Sie es sich zur Gewohnheit, Ihrem Kind Hoffnung einzuimpfen: »Okay, heute haben wir es nicht so weit geschafft. Aber morgen wirst du es packen.«
- Seien Sie gelassen – insbesondere in den ersten beiden Wochen, wenn Ihr Kind vielleicht versuchen wird, Ihr Vorhaben zu sabotieren, indem es Sie in die alten Streitereien verwickeln will.
- Denken Sie immer an Ihr langfristiges Ziel: den Ärger, das Schimpfen und Kritisieren zu vermindern, dem Ihr Kind ausgesetzt ist.
- Seien Sie auch streng mit sich selbst. Vermeiden Sie es, viel Aufhebens zu machen und Dinge zu sagen, von denen Sie wissen, dass Sie sie lieber nicht sagen sollten. Es bestätigt Ihrem Kind nur, dass *Sie selbst sich nicht ändern können … und es sich selbst ebenso wenig.*
- Nörgeln Sie nicht, kritisieren Sie nicht und lassen Sie es zu keinen Konfrontationen kommen. Wenn Sie es doch tun, wird Ihr Kind sich wie zuvor verhalten. Versuchen Sie nach Kräften, sich zu bremsen, wenn Sie merken, dass Sie drauf und dran sind, Ihre Beherrschung zu verlieren. Anstatt zu schimpfen oder zu stöhnen, versuchen Sie:
  - Ihr Kind zu necken oder die Sache auf eine Scherzebene zu heben.

- Erinnern Sie es an seine Erfolgserlebnisse: »Komm – ich weiß, du kannst das. Denke doch daran, wie du gestern das Fahrrad deines Freundes repariert hast.«
- Appellieren Sie an seinen Wetteifer: »Du wirst doch nicht ADS deinen Zeitplan bestimmen lassen, oder?«
- Erinnern Sie Ihr Kind an die Anreize: »Komm, ich will, dass du diese Punkte gewinnst – das ist für dich soundsoviel wert.«
- Loben Sie jedes Verhalten, von dem Sie mehr sehen möchten.

Denken Sie immer daran: *Lob ist Ihr wichtigstes Werkzeug, um Ihr Kind zu motivieren.* Wenn es etwas getan hat, von dem Sie mehr sehen wollen, dann müssen Sie zeigen, dass Sie es bemerkt haben, und müssen andere ebenfalls darauf aufmerksam machen. Verfallen Sie nicht in die Gewohnheit, nichts zu sagen, wenn alles gut läuft, und nur auf die Dinge aufmerksam zu machen, die schief gehen – das passiert nur allzu leicht.

?| Häufig gestellte Fragen

? *Sollte ich Punkte geben, um einen positiven Start sicherzustellen?*

☞ Gute Idee! In der Vergangenheit haben Wut und Frustration das Ausführen von Aufgaben begleitet. Das Familien-Punkte-System lässt sich vielfältig nutzen, um etwas zu einem positiven Start zu verhelfen.

? *Ist das nicht Bestechung?*

☞ Nein. Verwechseln Sie Belohnung nicht mit Bestechung. Eine Belohnung wird versprochen, *bevor* man ein Kind bittet, etwas zu tun. Sie soll ermutigen. Und sie zeigt auch, dass Sie wissen, worum es geht, und dass Sie im Voraus planen. Belohnungen übertragen dem Kind Verantwortung: »Ich möchte, dass du dich an den Zeitplan hältst – ich weiß, dass du das kannst. Wenn ich sehe, dass du dir heute wirklich Mühe gibst (Details ausführen), gebe ich dir die Punkte für das Computerspiel.« Eine Bestechung wird angeboten, *nachdem* das Kind sich geweigert hat, etwas zu tun – um sich bei ihm einzuschmeicheln. Vermeiden Sie dies unter allen Umständen. Es zeigt, dass Sie die Initiative verloren haben und nun von dem nächsten Schritt Ihres Kindes abhängig sind.

Bestechung ist für Sie demütigend: »Du hast gesagt, du würdest es mit dem Zeitplan versuchen. Ich dachte, wir hätten darüber geredet und du hättest versprochen … Sieh mal, ich gebe dir hundert Punkte, wenn du dir große Mühe gibst.« Das Kind hat immer noch die Möglichkeit, Ihr Angebot abzulehnen und für sich etwas aus der Nichtbefolgung herauszuholen.

 Tipps für den Erfolg

- All diese Handlungsweisen hängen davon ab, dass Sie eine Menge Ärger und Frustration hinunterschlucken und nicht die Fassung verlieren – denn sonst verstärken Sie wieder die alten Strukturen und Gewohnheiten. Ihre Aufgabe ist es, Ihr Kind zu ermutigen, so dass es an dem Zeitplan festhält, den Sie beide ausgemacht haben.
- Seien Sie standhaft. Es wird einige Zeit dauern, aber glauben Sie mir – es *wird* funktionieren.

Lesen Sie weiter, um zu erfahren, was Sie genau tun müssen.

8. Schritt
Das Meistern von Aufgaben

Jetzt sind Sie so weit, dass Sie Ihrem Kind helfen können, seine täglichen Pflichten zu erledigen.

 Rekapitulation

- Die meisten Aufgaben kann man sich nicht aussuchen – sie müssen einfach getan werden. Das kann zu Konflikten führen – wahrscheinlich nicht zu knapp. Doch wenn Sie die Schwierigkeiten lösen, die Ihr Kind mit diesen Pflichten hat, wird sein Selbstwertgefühl gesteigert und die Spannung zwischen Ihnen lässt nach.

Im 8. Schritt werden Sie

- sehen, wie man einen Aufgabenzeitplan erstellt, der 6 Schritte beinhaltet;
- lernen, Konflikte, die sich aus dem, was Sie Ihrem Kind gerade auftragen, ergeben, zu entschärfen;
- das Selbstbewusstsein des Kindes aufbauen, indem Sie ihm helfen, Aufgaben effektiver anzugehen.

Die Kombination dieser Strategien wird:

- seine Stärken mehr betonen als seine Schwächen;
- die Konflikte zwischen Ihnen verringern.

Das Planen alltäglicher Pflichten

Die Probleme, die alltägliche Aufgaben mit sich bringen, können Sie lösen, indem Sie Ihr Kind dabei unterstützen, sich zu organisieren. Dazu müssen Sie

- jede Aufgabe in eine einfache Folge von Schritten unterteilen, die Ihr Kind befolgen kann.
- dies aufschreiben und sichtbar aufhängen. Wenn Ihr Kind noch nicht perfekt lesen kann, zeichnen Sie kleine Bilder, die zeigen, was getan werden muss.
- Ihrem Kind Hilfestellung geben und ihm den Rücken stärken, wenn es mit seinen Gedanken abzuschweifen beginnt.
- die Aufgaben in das Familien-Punkte-System einfügen, so dass sie notiert werden können und Ihr Kind belohnt wird, wenn es sie erledigt hat.

Fangen Sie heute an: Entwerfen Sie einen Zeitplan

Damit die Pflichten an Horror für Sie und Ihr Kind verlieren, müssen Sie zunächst einen Zeitplan entwerfen.

Schritt 1 – Erstellen Sie eine Liste der Aufgaben
Verfertigen Sie eine Liste der Aufgaben, die jeden Tag Probleme bringen.

Anforderungen und Aufgaben, die Probleme mit sich bringen

1. Rechtzeitig aufstehen
2. Jacke aufhängen und Schuhe wegstellen
3. Um 9 Uhr abends bettfertig sein
4. Das Zimmer aufräumen
5. Zähne putzen

6. ✐ ....
....
....
....
....

Schritt 2 – Beginnen Sie mit etwas Einfachem

Für den Anfang empfiehlt es sich, eine Aufgabe zu wählen, die Sie sofort ändern wollen und die zugleich eine der einfachsten ist. Es wird Ihnen und Ihrem Kind helfen, wenn Sie beim ersten Mal mühelos einen Volltreffer landen. Für manche Eltern mag dies das Aufräumen des Zimmers sein; für andere das morgendliche Aufstehen. Denken Sie daran: immer nur ein Problem auf einmal – Sie werden nicht alles gleichzeitig lösen.

Schritt 3 – Entwerfen Sie einen Plan

Entwerfen Sie einen Plan, der beschreibt, wie die betreffende Aufgabe am besten erledigt wird. Zum Beispiel: Wenn das Aufräumen des Zimmers ein Problem ist, dann könnte der Plan etwa so wie Martinas Zeitplan für Dominik aussehen:

Dominiks Zeitplan

Jeden Samstag räume ich mein Zimmer auf. Ich sehe fern, bis die Sendung mit den Seeräubern um 10 Uhr aus ist. Dann gehe ich in mein Zimmer: Wenn ich schmutzige Wäsche sehe – Kleidung, Bettzeug und Pyjama –, lege ich sie vor die Tür in den Flur.

Ich räume alle Sachen vom Boden auf und tue sie in die Kiste unter meinem Bett – damit Mama staubsaugen kann.

Als Nächstes leere ich meinen Papierkorb.

Ich stelle alle Bücher aufs Bücherbrett – damit Mama sauber machen kann.

Ich mache mein Bett.

Ich bringe schmutziges Geschirr in die Küche.

Letzter Blick – sieht es jetzt besser aus? Ja – Mama wird sich freuen.

Wert: 50 Punkte

Der Plan sollte alle Dinge enthalten, die getan werden müssen, und die Reihenfolge, in der Sie sie getan haben möchten. Dominik kann die Uhr noch nicht lesen, also hat Martina ihm ein Zifferblatt aufgemalt, damit er weiß, wann er was tun soll. (Vergessen Sie nicht, Bilder zu benutzen, wenn Ihr Kind noch nicht lesen kann.)

Jetzt weiß dieses Kind genau, was es tun soll, wenn seine Mutter ihn ruft: »Dominik, kommst du voran?«

So lässt es sich also gut an. Doch es kann sein, dass der Zeitplan noch abgewandelt werden muss. Fragen Sie sich: Ist der Plan klar genug formuliert? Ist die Reihenfolge, die ich vorgebe, die beste Art, die Aufgabe zu erledigen? Dominik weiß jetzt, was genau er zu einer bestimmten Zeit machen muss. Sehen Sie es genauso?

Haben Sie in Ihrem Plan auch Freiräume berücksichtigt? Es ist die natürliche Neigung von ADS-Kindern, sich ablenken zu lassen und zu trödeln. Also berücksichtigen Sie dies in Ihrem Zeitplan. Bauen Sie für Ihr Kind kleine Pausen ein (fünf Minuten lang) und ermutigen Sie es, sie zu benutzen. Das macht die Befolgung des Zeitplans weniger mühsam.

Schritt 4 – Besprechen Sie den Zeitplan mit Ihrem Kind

So weit, so gut. Der nächste Schritt besteht darin, dass Sie den Zeitplan mit Ihrem Kind durchsprechen. Ich bin überzeugt, dass man mit einem Kind über alle Veränderungen, die sein Leben betreffen, sprechen muss (was etwas anderes ist, als sie ihm einfach mitzuteilen). Nur wenn seine Eltern es beteiligen, hat es die Chance, ihnen zu zeigen, wie intelligent es ist. Beachten Sie dabei Folgendes:

1. Betonen Sie, dass Sie diesen Zeitplan aufstellen, um ihm wegen seiner Aufmerksamkeitsstörung zu helfen. Denn es ist wichtig, dass Sie ihm wegen all der Streitereien und Probleme, die Sie gehabt haben, keine Vorwürfe machen. Es zeigt, dass Ihnen daran liegt, mit dem Kind gemeinsam gegen die Störung, unter der es leidet, vorzugehen.

2. Ermutigen Sie Ihr Kind, Änderungen an dem Zeitplan vorzunehmen. Auf diese Weise gewinnen Sie sein Interesse; es nimmt Teil an der Planung; und Sie können mit ihm diskutieren, wenn die Dinge nicht so laufen, wie sie sollen.

Schritt 5 – Erstellen Sie einen endgültigen Plan

All diese Vorschläge bedenkend, entwerfen Sie den endgültigen Zeitplan.

Martinas Plan sah so aus:

Jeden Samstag räume ich mein Zimmer auf. Ich sehe fern, bis »Der Seeräuber Tom« um 10 Uhr aus ist. Dann gehe ich in mein Zimmer:

10^{00} Wenn ich schmutzige Wäsche sehe – Kleidung, Bettzeug und Pyjama –, lege ich sie vor die Tür in den Flur.

10^{10} Ich räume alle Sachen vom Boden auf und tue sie in die Kiste unter meinem Bett – damit Mama staubsaugen kann.

10^{30} Als Nächstes leere ich meinen Papierkorb.

10^{40} Ich stelle alle Bücher aufs Bücherbrett – damit Mama sauber machen kann.

10^{45} Ich mache mein Bett.

10^{50} Ich bringe schmutziges Geschirr in die Küche.

11^{00} Letzter Blick – sieht es jetzt besser aus? Ja – Mama wird sich freuen.

Wert: 50 Punkte

Sa. 10.	Sa. 17.	Sa. 24.	Sa. 31.	Sa. 7.	Sa. 14. ...
✔					

Sie haben nun den ersten wesentlichen Schritt getan, um Ihren Sohn oder Ihre Tochter zu organisieren. Sie sehen, dass unter Dominiks Plan jetzt zusätzlich eine Leiste steht, auf der jeder Tag, an dem er mehr oder weniger seine Aufgaben erledigt hat, einen Haken bekommt. Warum? Weil Sie Ihrem Kind zeigen müssen, dass Sie wahrnehmen, wenn es Erfolg hat, und weil Erfolge in Punkte des FPS überführt werden, so dass sie belohnt werden können. Ich kann nicht genug betonen, dass Sie auf kleinen Anreizen aufbauen müssen, um die Dinge zu verbessern.

Schritt 6 – Die Aufgaben, die noch übrig sind

Im letzten Schritt gehen Sie jedes der verschiedenen Problemfelder einzeln an und entwerfen neue Zeitpläne dafür. Wenn Dominik bei einem Problem Fortschritte macht, führt Martina ein neues ein – hier ist ihre Vorgehensweise:

- Aufzeichnen der Problemliste. Auswahl eines Problems.
- Aufschreiben des Zeitplans. Überprüfung desselben.
- Besprechung mit dem Kind.
- Aufhängen des Plans in der Wohnung.

- Erfolge aufschreiben und in Punkten des FPS ausdrücken. Anreize geben.
- Daran denken: Das Lob eines Erfolgs ist besonders wirkungsvoll, wenn es zu sichtbaren Ergebnissen kommt.

Jetzt blättern Sie bitte zurück und lesen noch einmal »Frieden bei den Alltagspflichten« (Seite 116).

? Häufig gestellte Fragen

? *Aber wird mein Kind sich denn an den Zeitplan halten?*

☞ Das ist schwer vorauszusagen. In den meisten Fällen sollte man nicht davon ausgehen, dass die Dinge anfangs reibungslos laufen, aber mit Ausdauer und Hartnäckigkeit funktioniert dieses Modell bei den meisten Menschen nach zehn Tagen. Schritt 9, »Familien-Punkte-System, Teil 2«, erklärt, wie Sie mit Widerständen umgehen.

? *Zerstöre ich mit dieser Vorgehensweise nicht die Spontaneität in unserem Leben?*

☞ In einem gewissen Maße ja, aber bedenken Sie, dass es die Spontaneität Ihres Kindes ist, die Ihnen zurzeit so viel Frustration bereitet. Und alles, was wir aus der Forschung und aus Erfahrung über ADS wissen, legt den Schluss nahe, dass Organisation, Zeitpläne und ein täglicher Aufgabenkatalog, den Sie mit Ihrem Kind ausarbeiten, von entscheidender Bedeutung sind. Es stimmt, das alles fördert nicht die Spontaneität, aber es fördert und sorgt am Ende für ein ruhiges Leben. Und auch das Gefühl, in einer Falle zu sitzen, wird für Sie und Ihr Kind gleichermaßen schwinden. Sie müssen eindeutig handeln und regelmäßige Pflichten aufstellen, wenn Sie die Probleme, die mit ADS zusammenhängen, lösen wollen.

? *Wie erkläre ich das meinem Kind?*

☞ Machen Sie deutlich, dass Sie beide dem Programm folgen müssen und dass Sie beide davon profitieren werden. Vor allem: Drücken Sie sich immer positiv aus. Ihr Kind wird über die Veränderung, wie sie sich aus dem Aufstellen eines Zeitplans ergibt, zunächst nicht sonderlich begeistert sein, also ist es wichtig, dass Sie die Alltagsaufgaben mit positiven Worten beschreiben und die Art und Weise hervorheben, in der das Programm hilfreich ist. Zum Beispiel: »Wenn wir uns beide an die Zeiten halten, die wir festlegen, dann kann ich mit dir zusammen frühstücken, und du kommst rechtzeitig zur Schule, ohne dass wir uns streiten und böse aufeinander sind.« Das unterstreicht die Tatsache, dass Sie von dem Programm genauso betroffen sind wie Ihr Kind selbst.

? *Wie gelassen sollte ich sein?*

☞ Handeln Sie Ihrem Kind gegenüber beharrlich und eindeutig. Lassen Sie sich nicht von einem Kind, das auf Sabotage aus ist, aus der Fassung bringen. Verordnen Sie eine »Auszeit«, wenn Sie sie brauchen – z. B. wenn Ihr Kind den Zeitplan zerreißt (siehe Schritt 10, »Auszeit bei schwierigem Verhalten. Teil 1«).

9. Schritt
Das Familien-Punkte-System *Teil 2*

Sie lesen immer noch weiter! Das ist großartig. Sie können sich selbst als Experten ansehen – selbst wenn Sie das Programm ein wenig nach Ihren Bedürfnissen umgemodelt oder ein paar Abkürzungen genommen haben. Bis hier in diesem Buch gekommen zu sein bedeutet, dass *Sie wissen, worum es geht, und anfangen können, andere auszubilden.* Nur zu!

In Schritt 3 habe ich Ihnen das Familien-Punkte-System vorgestellt. Bislang haben Sie nur die Hälfte seiner Möglichkeiten ausgeschöpft. Ich möchte Ihnen nun die Schritte zeigen, die Sie ausführen müssen, um noch mehr aus diesem wirkungsvollen Instrument herauszuholen. Jetzt fügen Sie dem FPS ein neues Element hinzu: eine Vereinbarung, dass Punkte, die verdient wurden, wieder verloren werden können, wenn einfache und grundlegende Erwartungen nicht erfüllt wurden.

»Weniger-davon«-Verhaltensweisen

»Weniger-davon«-Verhaltensweisen sind im Allgemeinen die Dinge, über die Sie schon mehrere hundert Male gestöhnt haben. Die Version des Familien-Punkte-Systems, die Sie bis heute gebraucht haben, hat Sie und Ihr Kind ermuntert, Wege zu finden, wie man durch »gutes« Verhalten und die Erfüllung von Aufgaben Belohnungen erlangt. Wir hoffen natürlich, dass Ihr Kind sich einige Belohnungen verdient und von Ihnen bekommen hat. Ideal wäre es, wenn Ihr Kind hohe Punktzahlen einheimsen konnte. Auf den nächsten Seiten wird nun beschrieben, wie Sie das FPS-System radikal umändern. Es wird allmählich die Tatsache widerspiegeln, dass Ihr Kind lernen muss, auch an andere zu denken und zu akzeptieren, dass sich nicht immer alles nach ihm richtet. Ihr Kind ist dieser Herausforderung jetzt gewachsen, denn Sie haben

- die Bindung zwischen Ihnen beiden gestärkt;
- Ihr Kind dafür belohnt, dass es einfach es selbst ist;
- es über den grünen Klee gelobt;
- es bei jeder Anstrengung ermuntert und ermutigt;
- es dabei unterstützt, sich zu organisieren;
- Geduld bewiesen, wenn es darauf ankam.

In dieser Woche werden Sie

- Strafpunkte für Verhaltensweisen einführen, die Sie seltener sehen wollen;
- klären, welche Erwartungen Sie bezüglich guten Verhaltens haben;
- das FPS regieren lassen.

Wir gehen die weniger erwünschten Verhaltensweisen an

Ihre FPS-Liste zeigt und läuft darauf hinaus, dass Sie die Dinge, die Ihr Kind nun verstärkt, und zwar im positiven Sinn, unternimmt, ermutigen und belohnen. Jetzt müssen Sie die Verhaltensweisen benennen, die Sie weniger oder gar nicht mehr sehen wollen. Sie wissen, dass Meckern keine Veränderung bewirkt hat, auch nie eine bewirken wird. Schimpfen und Nörgeln sind gegenüber ADS-Kindern zwecklos, doch das FPS – kombiniert mit Ihren verstärkten Fähigkeiten, Ihr Kind zu bestätigen und seiner selbst zu versichern – wird Sie dem Ziel näher bringen, nach dem Sie sich sehnen.

Schritt 1 – Liste der unerwünschten Verhaltensweisen aufschreiben

Machen Sie es auf die gleiche Weise, wie Sie zu Beginn des FPS die »Mehr-davon«-Verhaltensweisen notiert haben. Nehmen Sie ein Blatt Papier und schreiben Sie eine Liste mit den Verhaltensweisen auf, von denen Sie sich weniger wünschen. Nicht zu viele, aber genug, um anzufangen – sagen wir: vier oder fünf. Es gelten die gleichen Regeln wie beim »Mehr-davon«. Notieren Sie nur die Verhaltensweisen, von denen Sie sicher sind, dass Ihr Kind sie abstellen kann, wenn es genügend motiviert ist. Dinge wie:

Weniger erwünschte Verhaltensweisen

1. Unterbrechen am Telefon, nachdem man bereits einmal gebeten hat, dies zu unterlassen
2. Gebrauch von Schimpfworten wie Arschloch usw.
3. Den kleinen Bruder schlagen
4. Im Supermarkt Waren einfach aus den Regalen nehmen
5. ✏ ....
....
....

Sagen Sie genau, worum es geht. Sagen Sie nicht »Sei nicht so grob« oder »Sei nicht ungezogen«. Ich weiß, es ist genau das, was *Sie* wollen, aber dahinter verbirgt sich unser alter Feind: der unbestimmte Befehl. Diese Art von schwammigen Begriffen lässt Sie als Diktator dastehen, weil Sie nicht genau sagen, was Sie wollen. Dies wird die meisten Kinder vor den Kopf stoßen. Es klingt nach »Ich und nur ich bestimme, was grob oder ungezogen ist«, und aus der Perspektive Ihres Kindes bedeutet es, dass Sie die Regeln ständig willkürlich festsetzen.

Um dies zu vermeiden, führen Sie nur solche Verhaltensweisen auf, die sich beobachten und überprüfen lassen. Zum Beispiel: »Du kommst nach der Schule sofort heim und bist spätestens um Viertel nach eins hier, außer du rufst mich an und sagst Bescheid, dass du was anderes vorhast.« Und ersetzen Sie allgemein gehaltene Kommentare wie »Sei höflich am Telefon« durch spezifische Anweisungen wie »Melde dich am Telefon mit deinem Namen und nicht einfach nur mit ›Ja?‹«.

Schritt 2 – Entwurf eines Plans mit weniger erwünschten Verhaltensweisen

Ich möchte jetzt, dass Sie einen neuen Plan erstellen. Tragen Sie die unerwünschten Verhaltensweisen aus Ihrer Liste darauf ein.

Davon möchte ich weniger sehen	Punkte-abzug	Punkte, die du verloren hast						
		Mo	Di	Mi	Do	Fr	Sa	So
Dinge aus den Ladenregalen nehmen	10	–						
Deinen Bruder schlagen	50	100						
Mich unterbrechen, wenn ich mit Papa rede	2	18						
Verlorene Punkte		118						

Eine recht beängstigende Aussicht für ein ADS-Kind, nicht wahr? Also gehen Sie behutsam vor.

☑ Tipps für den Erfolg

- Erklären Sie Ihrem Kind, warum dieses auf Veränderung abzielende Verhalten so wichtig für Sie ist.
- Halten Sie die Strafpunkte gering. Sie wollen doch nicht, dass Ihr Kind massiv in Schulden gerät – vor allem nicht am Anfang?

Schritt 3 – Fassen Sie alles zusammen

Der letzte Schritt besteht darin, am Ende des Tages das Ergebnis aus verdienten und verlorenen Punkten auszurechnen und festzuhalten. Sehen Sie sich die folgende Tabelle an, die die Pläne, wie wir sie auf den letzten Seiten besprochen haben, kombiniert.

Davon möchte ich mehr sehen	Punkte dafür	Punkte, die du verdient hast						
		Mo	Di	Mi	Do	Fr	Sa	So
Um sieben Uhr aus dem Bett sein	10 pro Tag							
Spülmaschine ein-/ausräumen	30 pro Woche							
morgens und abends Zähne putzen	10 pro Tag							
Extrabonus								
Gesamtpunkte								

Davon möchte ich weniger sehen	Punkte-abzug	Punkte, die du verloren hast						
		Mo	Di	Mi	Do	Fr	Sa	So
Dinge aus den Ladenregalen nehmen	10							
Deinen Bruder schlagen	50							
Mich unterbrechen, wenn ich mit Papa rede	2							
Verlorene Punkte								
Übrige Punkte zum Ausgeben								

Belohnungen	Kosten-punkte	Punkte, die du ausgegeben hast						
		Mo	Di	Mi	Do	Fr	Sa	So
Aufbleiben für die Quizshow	50							
Extrastunde Fernsehen	20							
Videogame spielen	180							
Heute von allen Aufgaben befreit	20							
Gesamtpunkte								

☑ Weitere Tipps für den Erfolg

- Belohnen Sie sofort. Denken Sie daran, dass das Verhalten, das sogleich verstärkt wird, die größte Chance hat, wiederholt zu werden. Nehmen Sie ein positives Verhalten wahr und bestärken Sie es, sowie Sie es sehen, insbesondere dann, wenn es erst kürzlich in die Tabelle aufgenommen wurde. Ich weiß, dass ich das schon einmal gesagt habe, aber ich kann es nicht deutlich genug unterstreichen.
- Nörgeln Sie nicht, um zu erreichen, dass Ihr Kind Ihnen folgt. Lassen Sie das FPS diese Arbeit tun.
- Rechnen Sie die Punkte täglich aus. Nehmen Sie sich Zeit, um die verdienten Punkte, die verlorenen und die ausgegebenen durchzugehen. Sorgen Sie dafür, dass Ihr Kind dabei ist, wenn Sie das tun. Das ist gut für die gegenseitige Fairness. Es ist gut für die Rechenkünste Ihres Kindes.
- Keine Punkte auf Kredit.
- Fallen Sie nicht auf Debatten und Feilschen herein, wenn Sie sich mit der Tabelle beschäftigen. ADS-Kinder sind intelligent – sie versuchen oft, Ihnen eine Strafe auszureden und Sie davon zu überzeugen, dass *sie* sich richtig verhalten haben und *Sie* es waren, die/der sich falsch verhalten hat. Lassen Sie sich nicht darauf ein und vermeiden Sie komplizierte Abmachungen wie »Okay, diesmal kommst du ungeschoren davon, aber dafür musst du am Donnerstag doppelt so viel Hausarbeiten machen«. Wie wollen Sie sich solche Extrawünsche merken? Halten Sie sich schlicht an die Regeln, die Sie miteinander vereinbart haben und ziehen Sie die Punkte ohne weitere Diskussion ab.
- Sie können im Zusammenhang mit den Strafpunkten eine Menge Negativität vermeiden, indem Sie ein Familientreffen einberufen – vor allem wenn es großen Knatsch bezüglich eines bestimmten Verhaltens gibt, von dem Sie sich weniger wünschen. Lassen Sie sich etwas Lustiges einfallen. Ernennen Sie einen Vorsitzenden, der dafür sorgt, dass die Sitzung in geordneten Bahnen verläuft. Führen Sie richtig Protokoll.

Machen Sie Pause mit einem Getränk und kleinen Snacks, damit die Atmosphäre angenehm und freundlich ist. Aber sorgen Sie ebenso dafür, dass die Sache durchgeführt wird und eine neue Vereinbarung getroffen wird, die unsinnigem Streit und Zetern ein Ende setzt.

- Bringen Sie Ihr Kind dazu, die Punkte reichlich auszugeben. Das ist ein Zeichen des Erfolgs und ein Anreiz. Und natürlich müssen Sie ihm ebenso reichlich Gelegenheit geben, sein »Geld« zu verdienen, um an Belohnungen und Vergünstigungen heranzukommen.

 Häufig gestellte Frage

? *Gehe ich bei einem kleineren Kind genauso vor?*

☞ Ja. Es gelten die gleichen Regeln. Wenn Sie Spielmarken verwenden, dann drücken Sie durch das Wegnehmen aus, dass manche Verhaltensweisen aufhören müssen. Erklären Sie klar und verständlich, warum Sie dies tun und was Ihr Kind zukünftig tun muss, um es zu verhindern.

 Letzter Tipp für den Erfolg

- Vergessen Sie nicht, dass Lob und Anerkennung starke Motivationskräfte sind. Nutzen Sie jede Gelegenheit, um Ihr Kind zu loben. Veränderung fällt schwer! Hoffentlich ist dies mittlerweile schon zu Ihrer zweiten Natur geworden. Aber ich dachte, ich erwähne es besser – zur Sicherheit.

10. Schritt
Auszeiten für schwieriges Verhalten *Teil 1*

Dieses Kapitel enthält alles, was Sie wissen müssen, um sich gegenüber Ihrem Kind durchzusetzen, und zwar ohne zu drohen, zu schreien oder die Geduld zu verlieren. Hier lernen Sie die Effektivität von regelmäßigen »Auszeiten« kennen, die Ihnen Folgendes an die Hand geben:
1. Gewinnstrategien für direkte Konfrontationen;
2. eine klare Vorgehensweise, wenn Krisenpunkte erreicht sind.

Entscheiden Sie über Ihre Strategie

Wenn Sie je das Gefühl hatten, die Kontrolle über sich zu verlieren und kurz davor zu sein, um sich zu schlagen (und wer kennt dieses Gefühl nicht?); wenn Sie je Ihr Kind angeschrien und Dinge gesagt haben, für die Sie sich später Vorwürfe machten; wenn Sie je das Gefühl hatten, alles versucht zu haben und am Ende Ihrer Weisheit zu sein – dann ist dieses Kapitel genau das Richtige für Sie. Es ist wichtig, eine Strategie zu besitzen, um mit solchen Situationen fertig zu werden, denn wir sind alle nicht davor gefeit, die Fassung zu verlieren, wenn wir unter großem Druck stehen. Wenn Eltern mit Worten oder Taten plötzlich um sich schlagen, ist es für ADS-Kinder besonders verwirrend, denn gerade ihnen wird ständig gesagt, sie sollten sich beherrschen und weniger impulsiv sein.
Im Verlauf dieses Programms wird es immer Situationen geben, in denen Ihr Kind Ihnen eine unmissverständliche Botschaft entgegensetzen wird: »Ich tue das nicht, und du kannst mich nicht dazu zwingen.« Diese Art von Trotz ist nicht auf ADS-Kinder beschränkt, aber sie kommt bei ihnen häufiger vor. In sol-

chen Situationen braucht Ihr Kind einen unverzüglichen und angemessenen Hinweis darauf, dass Sie das Sagen haben.

Übrigens behaupte ich nicht, dass Sie unter gar keinen Umständen Ihrem Kind mal einen Klaps geben dürfen. Ich bin Realist, kein Evangelist, und es gibt Situationen, in denen ein Klaps angebracht sein kann. Zum Beispiel kann ein rascher Schlag auf die Hand oder den Hosenboden, gefolgt von einer einfachen Erklärung, sinnvoll sein, um ein eigenwilliges Kleinkind vor Gefahren im Straßenverkehr zu bewahren.

Doch der Umstand, dass ein Klaps bei solchen Gelegenheiten helfen kann, heißt keineswegs, dass er sich für die meisten Situationen empfiehlt. Wenn er die vorwiegende Methode ist, um das Verhalten Ihres Kindes unter Kontrolle zu bringen, läuft mit Sicherheit etwas falsch.

Die Strategie der »Auszeit«

Wenn eine schnelle Bestrafung erforderlich ist, empfehle ich eine Technik, die »Auszeit« genannt wird. Ziemlich bald dürfte die Drohung mit »Auszeit« genügen, um ein aufsässiges Verhalten zu beenden.

Auszeiten können mit jedem Kind zwischen dreieinhalb und acht Jahren praktiziert werden. Ältere Kinder bedürfen einer differenzierteren Strategie, die ihre Reife und die Verschiedenheit ihrer Bedürfnisse berücksichtigen. Ältere Kinder sind für Vernunftgründe zugänglich; sie brauchen Optionen, die ihr Recht respektieren, sich für eine Handlungsweise zu entscheiden, und die ihre Fähigkeit respektieren, die Folgen abzuwägen. Vergünstigungen zu entziehen und sie konsequent und unbeirrbar auf den Boden der Tatsachen zurückzuholen erscheinen als die wirkungsvollsten Methoden.

Die Auszeit ist besonders wirkungsvoll bei ADS-Kindern, weil sie eine Maßnahme verkörpert, die ihnen besonders widerstrebt – sie müssen still sitzen. Zu Beginn ist das kein leichtes Unterfangen – es kann kurzfristig sogar *schwerer* werden als bisher.

Auszeit funktioniert durch

- Wiederholung;
- unbeirrte Zielstrebigkeit;
- hartnäckiges Fortfahren;
- Entschlossenheit zum Erfolg.

Das Auszeit-Rezept

Zutaten

1 Stuhl (Kindergröße)

1 stiller Ort in der Wohnung (ohne Fernseher und Spielzeug)

1 Kind, das sich weigert zu tun, was ihm gesagt wurde

Große Mengen Geduld, Entschiedenheit und Selbstbeherrschung

Zubereitung

1. Stellen Sie den Stuhl – der von nun an »Auszeit-Stuhl« heißt – an den stillen Ort. Zeigen Sie ihn Ihrem Kind und erklären Sie, wofür dieser Stuhl gut ist. Lassen Sie ihn dann dort stehen, bis er gebraucht wird.

2. Sagen Sie Ihrem Kind, wenn es einen Wutanfall hat und nicht tut, was Sie ihm gesagt haben: »Ich zähle jetzt bis drei, und wenn du bis dahin nicht damit aufhörst (z. B. Schreien, Kneifen), kommst du auf den Auszeit-Stuhl.«

3. Sie beginnen laut zu zählen. »Eins …« Ein paar Sekunden Pause, um zu sehen, ob Ihr Kind aufhört. Wenn nicht, fahren Sie fort: »Zwei.« Ihr Gesicht sollte resolut und entschieden sein, aber nicht wütend. Ihre Stimme sollte ruhig klingen – Sie sollten nicht schreien. Wenn Ihr Kind bei »Drei!« noch nicht aufgehört hat, bringen Sie es zu dem Stuhl und sagen genau diese Worte: »Ich

---

habe dir gesagt, dass du mit dem (Schreien, Kneifen etc.) aufhören sollst … Setz dich auf den Stuhl, bis ich dir sage, dass du aufstehen kannst!« Setzen Sie es auf den Stuhl und gehen Sie weg.

4. Warten Sie so lange, wie Sie es für richtig halten (sagen wir, etwa eine Minute für jedes Altersjahr), und wenn Ihr Kind still ist, sagen Sie ihm, dass es den Auszeit-Stuhl verlassen kann. Dann machen Sie dort weiter, wo Sie zuvor aufgehört haben.

   Mehrere Minuten auf einem Stuhl zu sitzen schadet niemandem (abgesehen von dem dramatischen Effekt, den Sie erzielen). Die Zeitspanne sollte innerhalb der Möglichkeiten eines ADS-Kindes liegen.

5. Wenn Ihr Kind das schlechte Benehmen von vorher wiederholt, nehmen Sie es – auch wenn es lautstark protestiert – und setzen es wieder auf den Stuhl. Sagen Sie ihm erneut: »Ich habe dir schon gesagt, dass du mit dem (Schreien, Kneifen etc.) aufhören sollst. Setz dich auf den Stuhl, bis ich dir sage, dass du aufstehen kannst!«

   Gehen Sie weg und ignorieren Sie Ihr Kind.

6. Wiederholen Sie die Prozedur so oft wie nötig.

Lassen Sie uns also beginnen.

Hier folgen die Aktionsschritte für die Auszeit. Sie sind so einfach dargestellt, dass jedes Kochbuch darauf stolz sein könnte. Doch nur weil es einfach *aussieht*, dürfen Sie sich nicht verleiten lassen zu glauben, es *sei* auch einfach. Es ist keinesfalls einfach, und ich muss Ihnen eine Menge erklären, damit Sie Erfolg haben.

Schritt 1 – Lesen Sie das Auszeit-Rezept

Während Sie lesen, empfehle ich Ihnen, an Folgendes zu denken:

- wie kontrolliert Sie sein müssen;
- wie lange dieser Prozess wohl dauern wird;
- wie oft er wiederholt werden muss;
- wie bekomme ich Unterstützung, um ihn durchzustehen.

Anmerkung: Eine Warnung, bevor Sie anfangen: Beginnen Sie nicht mit der Auszeit-Technik, bevor Sie sich nicht ganz und gar sicher sind, dass Sie sie definitiv bis zum Ende durchführen werden.

Halten Sie einen Moment inne, bevor Sie weiterlesen. Denken Sie sorgfältig über diese erste Instruktion nach: *»Beginnen Sie nicht mit der Auszeit-Technik, bevor Sie sich ganz und gar sicher sind, dass Sie sie definitiv bis zum Ende durchführen werden.«* Die Wiederholung der Auszeit ist der Schlüssel, mit dem Sie Ihr Kind zum Lernen bringen. Aber es immer wieder und wieder zu tun ist harte Arbeit. Sie müssen wirklich durchhalten. Sie müssen zeigen, dass Sie es ernst meinen. Sie müssen eindeutig zeigen, dass es für Sie keinen Kompromiss gibt und ein »Nein« für Sie keine Antwort ist.

Weil die Auszeit am Anfang so hohe Anforderungen an Sie stellt, schlage ich vor, dass Sie zunächst nur die ungezogenen Verhaltensweisen ins Visier nehmen, deren Änderung Ihnen besonders am Herzen liegt. Indem Sie die Zahl der Verhaltensweisen, auf die Sie sie anwenden, beschränken, geben Sie sich selbst die beste Chance, so konsequent und entschlossen zu sein, wie Sie es sein müssen.

Schritt 2 – Notieren Sie besonders schwierige Verhaltensweisen
Gehen Sie zur Liste zurück, die Sie auf Seite 137 angefertigt haben. Wählen Sie aus dieser Liste die Verhaltensweisen aus, die sich durch das FPS allein nicht geändert haben und immer noch Konflikte erzeugen. Fertigen Sie eine neue Liste:

Beende diese Verhaltensweisen

1. Mich beschimpfen
2. Deinem Bruder wehtun
3. ....

....

....

....

....

....

....

....

Dies ist Ihr neuer Aktionsplan. Wenn Ihr Kind Sie mit einer dieser Verhaltensweisen herausfordert, setzen Sie die Auszeit ein.

Wie die Strategie funktioniert

Ich werde Sie nun Schritt für Schritt durch das »Auszeit-Rezept« führen, um Sie mit den Details vertraut zu machen.

⚠️ 1. Stellen Sie den Stuhl an den stillen Ort. Der Stuhl heißt ab jetzt »Auszeit-Stuhl«. Erklären Sie Ihrem Kind, worum es dabei geht. Lassen Sie ihn stehen, bis er gebraucht wird.

Ein stiller Ort ist wesentlich. Sie müssen Ihr Kind aus dem Fluss der Familienaktivitäten herausnehmen. Wenn es fernsehen oder mit anderen kommunizieren kann, hat die Auszeit keinen Sinn. Machen Sie in diesem Punkt keinerlei Abstriche an der Auszeit-Technik. Irgendwo still zu sitzen, wo es nichts zu tun oder anzuschauen gibt, ist langweilig. Genau dies *ist* die Strafe für Ihr Kind.

Das Einzige, worüber Sie vielleicht mit sich handeln lassen, ist die Sitzgelegenheit selbst. Der Stuhl ist nicht die Strafe. Wenn das Sitzen auf dem Stuhl selbst zu einem Problem wird, dann überlegen Sie sich andere Orte, die ebenso langweilig sind. Auf dem Boden im Flur zu sitzen oder auf der untersten Stufe der Treppe oder im anderen Ende des Zimmers, in dem Sie sich befinden, kann genauso gut funktionieren – vorausgesetzt, dass Sie konsequent sind und die Auszeit-Technik in allen anderen Hinsichten befolgen.

Stuhl oder das eigene Zimmer

Ein Kind in sein eigenes Zimmer zu schicken ist *keine* Auszeit. Es in sein Zimmer zu schicken enthält die Botschaft: »Gib mir eine Pause – lass mich in Frieden.« Aber es bedeutet auch eine »Pause« für Ihr Kind. In seinem Zimmer kann es sich beschäftigen. Außerdem wird ein ADS-Kind wahrscheinlich den Grund für die Strafe vergessen – oder dass es überhaupt um eine Strafe geht. Also dürfte sich das Verhalten daraufhin kaum ändern.

Im Gegensatz dazu ist die Botschaft, die Sie mit dem Stuhl geben, die: »Ich beobachte dich, und wenn du *das* weitermachst, musst du *dies* tun.« Das Sitzen auf dem Auszeit-Stuhl erinnert Ihr Kind daran, dass es lernen soll, sich zu benehmen, und dass Sie diese Strategie fortführen, bis es positiv darauf reagiert.

 2. Sagen Sie Ihrem Kind, das einen Wutanfall hat und nicht tut, was ihm aufgetragen wurde, dass es mit seinem Fehlverhalten aufhören muss, bis Sie bis drei gezählt haben. Sagen Sie: »Ich zähle jetzt bis drei, und wenn du bis dahin nicht damit aufhörst (z.B. Schreien, Kneifen), kommst du auf den Auszeit-Stuhl.«

3. Zählen Sie laut: »Eins.« Halten Sie ein paar Sekunden inne, um zu sehen, ob Ihr Kind aufhört. Wenn nicht, fahren Sie fort: »Zwei.« Ihr Gesicht sollte resolut und entschieden sein, aber nicht wütend. Ihre Stimme sollte ruhig klingen – Sie sollten nicht schreien. Wenn Ihr Kind bei »Drei!« noch nicht aufgehört hat, bringen Sie es zu dem Stuhl und sagen genau diese Worte: »Ich habe dir gesagt, dass du mit dem (Schreien, Kneifen etc.) aufhören sollst. Setz dich auf den Stuhl, bis ich dir sage, dass du aufstehen kannst!« Setzen Sie es auf den Stuhl und gehen Sie weg.

Anfangs wird es vielleicht notwendig sein, Ihr Kind hochzuheben und selbst auf den Stuhl zu setzen. Es kann sein, dass es dabei strampelt und schreit. Achten Sie darauf, dass sich keiner von Ihnen wehtut. Vermeiden Sie unbedingt, Ihr Kind mit Schlägen oder Drohungen auf den Stuhl zu zwingen. Was Sie erreichen müssen, ist, dass Ihr Kind lange genug auf dem Stuhl bleibt, so dass Sie Ihren Befehl aussprechen können. Es ist sehr wichtig, dass Ihr Kind den Stuhl mit dem Hintern berührt, denn dies ist die Voraussetzung für alles Folgende.

 4. Warten Sie so lange, wie Sie es für richtig halten (sagen wir, etwa eine Minute für jedes Altersjahr), und wenn Ihr Kind still ist, sagen Sie ihm, dass es den Auszeit-Stuhl verlassen kann. Dann machen Sie dort weiter, wo Sie zuvor aufgehört hatten.

Während der Auszeit kommt es oft vor, dass Kinder rufen, plappern, schreien oder quengeln. Auf diese Weise wollen sie Ihnen zeigen, dass Sie nicht zu glauben brauchen, die Dinge würden nur nach Ihrem Willen laufen. Wenn Ihr Kind auf diese Art seinen Trotz bekundet, dann müssen Sie darauf bestehen, dass es still ist, *bevor es den Stuhl verlassen darf* – somit sitzen Sie am längeren Hebel.

Ich empfehle, dass ein Kind mindestens 30 Sekunden lang still sein muss, bevor es den Stuhl verlässt.

 Tipp für den Erfolg

- Wiederholen, wiederholen und nochmals wiederholen. Wie ich gesagt habe: Die Wiederholung der Auszeit ist der Schlüssel dafür, wie Sie Ihr Kind zum Lernen bringen. Und natürlich stellt es zweifellos hohe Anforderungen an Sie.

Schritt 3 – Erst weiterlesen?

Jetzt können Sie Ihre Liste mit Verhaltensweisen anfertigen, die Sie in Angriff nehmen wollen, und mit der Auszeit beginnen. Aber vielleicht möchten Sie zuvor noch Schritt 11 lesen – darin werden einige der Schwierigkeiten erklärt, die Eltern häufig in der ersten Woche der Auszeit haben, und Strategien angeboten, wie damit umzugehen ist. Wenn Sie es jetzt lesen, fühlen Sie sich möglicherweise besser vorbereitet. Doch alle Eltern sind verschieden. Sie werden bereits eine Vorstellung davon haben, wie Sie und Ihr Kind dieses neue Programm empfinden werden. Vielleicht wollen Sie gleich zur Sache kommen und durch eigene Erfahrung lernen, bevor Sie sich mit weiteren Strategien beschäftigen. Bitte, tun Sie das, was Ihnen am sinnvollsten erscheint.

Jetzt:

- Erstellen Sie Ihre Liste mit Verhaltensweisen, die eine Auszeit zur Folge haben.
- Wenden Sie die Methode möglichst genau so an, wie sie beschrieben wurde.
- Wenn Sie bereit sind, lesen Sie Schritt 11, wo Sie Ratschläge für auf Sie möglicherweise zukommende Probleme finden.

11. Schritt
Auszeiten für schwieriges Verhalten *Teil 2*

Nach meiner Erfahrung funktionieren Auszeiten selten problemlos, und es ist hilfreich, wenn man auf die Probleme vorbereitet ist. In diesem Kapitel möchte ich
- genauer auf die Probleme eingehen, die bei Einführung der Auszeit auf sie zukommen können;
- Sie darauf vorbereiten und Lösungsvorschläge anbieten.

Jochen

Sabine und Paul haben einen siebenjährigen Sohn, Jochen, der oft Trotzanfälle hat und ziemlich boshaft werden kann. Sabine suchte verzweifelt nach Rat, wie sie mit diesem Verhalten umgehen sollte. Ich beschrieb ihr das Konzept der Auszeit, und sie war einverstanden, es zu Hause auszuprobieren. Eine Woche später sagte sie: »Ich habe die Auszeiten nicht hinbekommen. Jochen blieb einfach nicht auf dem Stuhl sitzen. Er ignorierte alles, was ich sagte, um ihn da hinzubringen. Ich habe dann aufgehört, weil wir kurz davor waren, uns zu streiten, und das wollte ich vermeiden.«
Ich bat Sabine, genau zu beschreiben, was vorgegangen war:

»Lily (Jochens achtjährige Schwester) hatte Besuch von ihren Freundinnen. Sie ließen ihn beim Abwerfen mitspielen, aber als er ›abgeworfen‹ war, drehte er durch. Er gab den Ball nicht mehr her und begann seine Schwester zu schlagen. Alle wurden böse. Ich holte ihn ins Haus und sagte ihm, dass er bis ›Drei‹ den Ball zurückgeben oder auf den Stuhl müsse. Er weigerte sich. Ich nahm ihm den Ball ab und sagte, dass er jetzt auf den Auszeit-Stuhl gehen solle.

Er ignorierte mich völlig. Er ging einfach hinaus und sorgte für weiteren Streit. Ich schnappte ihn und brachte ihn zurück auf den Stuhl, aber er blieb nicht darauf sitzen. Er rannte nach oben. Er sah in dem Ganzen nur ein Spiel.«

Sabine erklärte, dass sie es aufgab, ihn weiter zu jagen, als sie spürte, wie die Wut in ihr anstieg und sie Lust verspürte, ihm eine runterzuhauen. An anderen Tagen reagierte Jochen ähnlich. Sabine wollte wissen, was sie jetzt tun müsse.

Die meisten Eltern machen die Erfahrung, dass ihre Kinder es rundheraus ablehnen, sich auf den Stuhl zu setzen, dass sie nicht sitzen bleiben und die ganze Sache mehr oder minder als Scherz ansehen. Dieses Problem ist im Zusammenhang mit Auszeiten so verbreitet, dass ich genau wusste, welchen Rat ich Sabine zu geben hatte:

»Wenn Sie bei ›Drei‹ ankommen, dann wissen Sie, dass Jochen ignoriert, was Sie sagen, und nicht auf den Stuhl gehen wird. Früher sind Sie hinter ihm hergelaufen und wurden wütend. Auf diese Weise hat er gelernt, dass sein Trotz ihm eine Menge Aufmerksamkeit einbringt. Das nächste Mal, wenn er es ablehnt, auf dem Stuhl zu sitzen, halten Sie ihn fest, aber ohne ihm wehzutun, und setzen ihn wieder drauf. Erklären Sie ihm, dass Sie ihn, wenn er aufsteht (und Sie und ich wissen, dass er aufstehen wird), ignorieren werden, bis er sich richtig hinsetzt.

Von da an möchte ich, dass Sie die Strategie, die wir ›DICHT-machen‹ genannt haben, anwenden: und zwar so entschieden, wie es Ihnen nur möglich ist. Das heißt: kein Augenkontakt, keine Kommunikation, keine Überredung; bieten Sie nichts zu trinken, nichts zu naschen – gar nichts – an, bis er auf dem Stuhl sitzt! Das klingt extrem, aber wenn Sie wollen, dass Ihre Botschaft verstanden wird, dann dürfen Sie nicht nachgeben. Und Sie müssen darauf vorbereitet sein, diesen Zustand so lange aufrechtzuerhalten, wie es nötig ist. Je mehr Aufmerksamkeit er verlangt, desto weniger bekommt er. Wenn Sie überhaupt antworten müssen, dann sagen Sie nur: ›Ich warte darauf, dass du dich auf den Stuhl setzt!‹«

Ich fügte hinzu:

»Wenn Ihr Mann nach Hause kommt, erklären Sie ihm die Situation und bringen Sie ihn dazu, Sie zu unterstützen, indem er ebenfalls ›DICHT-macht‹. Sie können mit den anderen Familienmitgliedern so normal umgehen wie möglich. Doch bevor Jochen nicht auf seinem Stuhl sitzt, *ändert sich für ihn nichts.*«

Ich sagte Sabine, dass nur wenige Kinder diese Behandlung länger als ein oder zwei Stunden durchhalten. In seltenen Fällen kann der Stillstand bis zur Bettgehzeit anhalten. Ich versicherte ihr, dass sie und Jochen den Tag mit Vorlesen und Kuscheln beenden könnten, aber sie sollte ihrem Sohn sagen, dass er, wenn er am nächsten Tag wieder verrückt spiele, erneut auf den Stuhl müsse.

Sabine fragte mich: »Wenn er aber den Einsatz erhöht und damit droht, sich selbst oder mich zu verletzen oder etwas in der Wohnung kaputtzumachen? Das kann ich nicht ignorieren, oder?«

Ich stimmte ihr zu, dass es Situationen gibt, in denen man eingreifen muss. Sie müssen Sorge tragen, dass Ihr Kind nicht sich selbst oder andere verletzen kann. Doch möchte ich Sie weiterhin bitten, auf eigene Gewaltanwendung möglichst zu verzichten. Gewalt macht die Dinge oft nur schlimmer. Hier folgen zwei andere Wege, wie Sie der Situation Herr werden können, sowie ein Wort zu Schlägen – für Situationen, wenn Sie denken, Sie können nicht anders.

Was Sie tun	Pro	Contra
• Halten Sie Ihr Kind fest, aber so, dass es sich nicht wehtun kann. • Stecken Sie Ihr Kind in sein Zimmer.	• Das beschränkt seine Handlungsfreiheit, und die körperliche Nähe beruhigt Ihr Kind. • Das holt es aus der Situation und erlaubt ihm, sich alleine zu beruhigen.	• Nichts – nur, dass es nicht wehtun oder als körperliche Züchtigung empfunden werden darf. • Nichts.
• Ein kontrollierter Klaps? Denken Sie zweimal darüber nach.	• Das kann Ihr Kind überraschen, seinen Anfall unterbrechen und ihm helfen, die Wut auszuweinen.	• Nicht wenig – es kann noch zorniger werden. Ihr Schlag kann härter sein als beabsichtigt, und bei häufigerer Anwendung kann Ihr Kind daraus falsche Schlüsse ziehen, wie man seinen Willen durchsetzt.

Ich empfahl Sabine, ihrem Sohn – sobald sich alles beruhigt hatte – zu sagen, sie habe verstanden, wie zornig er gewesen war. Sie solle ihm vielleicht etwas zu trinken anbieten, während sie zusammen über das Vorgefallene sprechen.
Denken Sie daran:
• Sie dürfen und sollen verständnisvoll und liebevoll sein.
• Aber Sie dürfen sich nicht entschuldigen.

Und Sabine sollte keinesfalls ihre Forderung aufgeben, dass Jochen eine Zeit lang auf dem Auszeit-Stuhl verbringen muss. Wenn er sich beruhigt hat, sollte sie ihm freundlich, aber bestimmt erklären, dass sie ihn nun auf dem Stuhl haben möchte, so dass die Auszeit zum Ende kommen kann. Wenn er sich weigert, muss sie mit der Prozedur von neuem beginnen, bis er sitzen bleibt.

 Noch einmal

- Wenn Sie einmal mit der Auszeit begonnen haben, *müssen Sie sie bis zum Ende durchführen.* Wenn Ihr Kind sich weigert, auf dem Stuhl zu sitzen, ignorieren Sie es, bis es nachgibt. Wenn Sie einen Partner oder eine/n Verwandte/n haben, der oder die Ihnen bei der Kinderbetreuung hilft, dann muss er oder sie Sie unterstützen und die gleiche Strategie verfolgen.
- Wenn es den Anschein hat, dass Ihr Kind sich oder anderen etwas antun könnte, dann ignorieren Sie dies nicht. *Greifen Sie ein!* Bringen Sie die Situation auf eine Ihnen angemessen erscheinende und möglichst angenehme Weise unter Kontrolle.
- Denken Sie daran: Nachdem ein Wutanfall überstanden ist, müssen Sie die Auszeit durchsetzen. Bestehen Sie darauf, bis Ihr Kind einlenkt.

Sabine folgte meinem Rat, und bei unserem nächsten Treffen berichtete sie mir, dass der Unterschied in Jochens Verhalten bemerkenswert sei. Innerhalb von dreißig Minuten, nachdem sie begonnen hatte, ihn zu ignorieren, saß er auf dem Stuhl und die Auszeit wurde reibungslos durch alle Phasen hindurch befolgt.

 Häufig gestellte Fragen

? *Wie wenden wir die Auszeit bei Verhaltensproblemen in der Öffentlichkeit an?*

☞ Die Antwort ist einfach: »Gar nicht.« Die Auszeit vor einem Publikum von Fremden durchzuführen, bringt Sie in eine verwundbare und schwache Position. Es ist schwierig, entschieden und kontrolliert aufzutreten, während man gleichzeitig mit Gefühlen der Scham zu ringen hat. Ihr Kind könnte genau dies aufnehmen und die Gelegenheit nutzen, sich als Boss aufzuspielen.

? *Wie gehe ich dann also mit Problemen im Supermarkt, beim Kindergeburtstag, in Restaurants usw. um?*

☞ Für schlechtes Verhalten in der Öffentlichkeit empfehle ich drei einfache Strategien:

1. Bevor Sie sich in eine potenziell schwierige Situation begeben – wie Einkaufen oder Ins-Restaurant-Gehen –, setzen Sie sich mit Ihrem Kind zusammen und sagen Sie klar und deutlich, was Sie von ihm erwarten. Zum Zeichen, dass es Sie verstanden hat, soll es wiederholen, was Sie gesagt haben.

2. Sagen Sie Ihrem Kind, welche Belohnung oder Vergünstigung es bekommt, wenn es Ihrer Erwartung entspricht. Dies ist ein Anreiz für gutes Verhalten und unterstützt positiv den Erfolg, den Sie vielleicht haben werden.

3. Machen Sie dem Kind unmissverständlich klar, dass schlechtes Verhalten Folgen haben wird, wenn Sie wieder nach Hause kommen, und sagen Sie, um welche es sich dabei handelt. Zum Beispiel: Im Restaurant Essen auf den Boden zu werfen bedeutet
   - Punkteabzug im FPS;
   - plus fünf Minuten auf dem Auszeit-Stuhl.

Sie müssen das natürlich in die Tat umsetzen, wenn Sie wieder zu Hause sind. Wenn Sie es nicht tun, dann geben Sie Ihrem Kind die Botschaft: »Es ist alles vergessen« oder »Ich meine nicht wirklich, was ich sage«. Dies wird Ihr Kind bezüglich dessen, was es in der Zukunft zu erwarten hat, verunsichern.

? *Mein Kind hat gerade eine kostbare Vase zertrümmert. Wie kann ich die Auszeit als Strafe nutzen, um ihm zu zeigen, wie wütend ich bin?*

☞ Ziemlich wirkungsvoll – lassen Sie uns noch einmal die Instruktionen zum Auszeit-Programm anschauen (Seite 138f.).

Der Verstoß ist schon geschehen – es hat also keinen Sinn, bis drei zu zählen. Erklären Sie Ihrem Kind ohne Umschweife: »Ich habe dir verboten, die Vase zu berühren. Du hast sie kaputtgemacht und Mama ist jetzt sehr böse. Du wirst jetzt auf dem Stuhl sitzen, bis ich dir sage, dass du herunterkannst.« Von da an befolgen Sie die Instruktionen von Punkt 3 an.

? *Kann ich die Auszeit auch für etwas benutzen, das mein Kind nicht tut?*

☞ Ja. Sehr oft wird Ihr Kind sich Ihnen widersetzen, indem es eine Sache nicht erledigt, um die Sie es gebeten haben (z. B. sein Zimmer aufräumen). Die Auszeit ist hier ebenso nützlich. Befolgen Sie die Instruktionen 1–6 wie üblich, und wenn Ihr Kind mit dem Sitzen fertig ist, bringen Sie es wieder zu der Aufgabe zurück und sagen ihm: »Jetzt möchte ich, dass du die Spielsachen in die Kiste räumst!«

? *Ich habe Sorge, dass die Auszeit mein Kind aus dem Gleichgewicht bringt. Sollen wir danach versuchen, den Streit zwischen uns beizulegen?*

☞ Sie haben Recht mit Ihrer Sorge. Obwohl körperlicher Gewaltanwendung vorzuziehen, *wird* die Auszeit Ihr Kind aus dem Gleichgewicht bringen, und ich gebe immer den Rat, dass Sie danach versuchen, das Verhältnis zwischen sich und Ihrem Kind wieder ins Reine zu bringen. Die Ermutigung kleiner Gesten, mit denen Ihr Kind Ihnen eine Freude machen kann, wie das Malen einer Karte oder eines Bildes, ist oft hilfreich. Es gibt Ihnen beiden die Chance, die Atmosphäre zu bereinigen oder die Spannung abzubauen, die sich zwischen ihnen aufgebaut haben mag, und vor allem: Es gibt Ihnen die Möglichkeit, zu loben. Überraschenderweise sind die Kinder glücklich, dies tun zu können, wahrscheinlich, weil sie damit ihr Leben wieder in den Griff bekommen und den Prozess mitbestimmen, der das Verhältnis zwischen ihnen und ihren Eltern wieder stimmig werden lässt.

? *Sind Auszeiten auch für größere Kinder angemessen?*

☞ Es gibt keinen Zweifel, dass Auszeiten bei kleineren Kindern sehr effektiv sind, weil das Lernen in ein Alter fällt, in dem sich alles noch herausbildet, also auch ihr Verhalten. Wenn Sie die Auszeit bei einem siebenjährigen oder älteren Kind zum ersten Mal anwenden, dann müssen Sie die Selbstständigkeit und Denkfähigkeit berücksichtigen, die es bereits erlangt hat. Setzen Sie also Strafen ein, die für ein älteres Kind größere Bedeutung haben, zum Beispiel:

- Freiheitsentzug (z.B. Zimmerarrest, keine Besuche von Freunden);
- Entzug von Vergünstigungen (z.B. Abzug von FPS-Punkten und Taschengeld).

Behalten Sie den Stuhl solchen Situationen vor, in denen es Ihnen darauf ankommt, ein speziell unreifes Verhalten zu ahnden.

Bei älteren Kindern kann die Länge der Auszeit ausgedehnt werden, zum Beispiel jedes Mal, wenn Sie sie erneut anwenden müssen – sechs Minuten für ein sechsjähriges Kind plus zwei Minuten für jede neue Auszeit. Sie können Ihrem älteren Kind auch sagen, dass es selbst die Auszeit beenden darf, wenn es das Gefühl hat, dass es sein Verhalten wieder unter Kontrolle hat.

? *Wie schaffen wir es, die Auszeiten beizubehalten?*

☞ Ich verstehe, wie verführerisch es sein kann, aufzugeben, wenn sich nur langsam Fortschritte zeigen. Doch in der Hitze des Gefechts, wenn Sie bis an die Grenze herausgefordert werden, ist es sehr leicht, den Fortschritt zu unterschätzen, den man erreicht hat. Man ist vielleicht versucht, gerade an dem Punkt aufzugeben, wo es tatsächlich zu funktionieren beginnt. In solchen Zeiten kann es geschehen, dass man die ganze harte Arbeit, die man investiert hat, untergräbt.

Wie man vermeidet, dass einem die Hand ausrutscht

Der Lösung dafür, nicht mehr zu schlagen oder zu drohen, liegt im Gebrauch der richtigen Motivationskräfte, die Sie hoffentlich seit Schritt 1 als nützliche Hilfe kennen gelernt haben. Das Ersetzen alter mentaler Botschaften durch neue aufbauende Botschaften kann unmittelbaren Einfluss darauf haben, wie Sie sich unter Druck verhalten und was Sie tun. Vielleicht ist es für Sie von Nutzen, noch einmal Schritt 1 durchzulesen. Vielleicht möchten Sie Ihre Motivationskräfte einer Prüfung unterziehen oder Ihre gebräuchlichen Motivationskräfte häufiger einsetzen.

 Tipps für den Erfolg

Hier sind die Sätze, die mir Zurückhaltung einprägen sollen, wenn mir die Hand auszurutschen droht:

- Als Mutter bzw. Vater bin ich ein Vorbild für mein Kind.
- Aggressivität, Drohungen und körperliche Gewalt sind alle Ausdruck impulsiven Verhaltens – etwas, von dem wir weniger sehen wollen.
- Wenn mir die Hand ausrutscht, dann zeigt das meinem Kind, dass ich mich *nicht unter Kontrolle* habe.
- Wenn körperliche Gewalt funktionieren würde, dann müsste ich sie nicht immer ausüben.
- Meinem Kind wehzutun schädigt unsere Beziehung.
- *Ich kenne eine bessere Methode!*

Versuchen Sie diese oder eigene Ideen in Ihrem Bewusstsein zu verankern, wie es die Übung auf den Seiten 51ff. beschreibt.

12. Schritt
Alles zusammen

»Du hast es damals nach bestem Wissen gemacht.
Als du es besser wusstest, hast du es noch besser gemacht.«
Maya Angelou

Es gibt keine weiteren Aufgaben oder Strategien. Die vorangegangenen elf Stufen sind alles.

Ich weiß, dass nicht alle von Ihnen jeden Schritt mitgegangen sind, aber was immer Sie von dem Vorangegangenen in die Praxis umgesetzt haben: Bravo! Erlauben Sie, dass ich Ihnen als Erster auf die Schulter klopfe.

In diesem Kapitel blicken wir zurück auf das, was Sie gelernt haben, machen uns klar, was Sie bisher erreicht haben, und betrachten die Schwierigkeiten, die möglicherweise noch vor Ihnen liegen. Wir werden auch einen Blick auf die Ziele werfen, die Sie sich für die Zukunft setzen können, und aufzeigen, wie Sie mehr Hilfe und Unterstützung bekommen, falls Sie sie benötigen.

Im Einzelnen werden wir noch einmal zusammenfassen:

- die Ziele unseres ADDapt-Programms;
- wie sich Ihre Interaktion mit Ihrem ADS-Kind durch das ADDapt-Programm gestaltet;
- wie das ADDapt-Programm auch weiterhin Ihre Elternrolle stützen kann;
- andere Hilfen, die Eltern zur Verfügung stehen.

Klopfen Sie sich noch einmal auf die Schulter!

Nach meiner Erfahrung bekommen Eltern von ADS-Kindern nie die Anerkennung, die ihnen dafür gebührt, dass sie so lange den Problemen standgehalten, nie aufgegeben und immer zu ihrem Kind gehalten haben.

Sie sind zu diesem Buch gekommen, weil Sie nach Antworten suchten. Wahrscheinlich fühlten Sie sich in einer Sackgasse, am Ende Ihrer Kräfte – Sie hatten alles, aber wirklich auch alles probiert, aber vergeblich. Mein Ziel war es, Ihnen einige wirkungsvolle Strategien zu zeigen, um wieder Bewegung in die Sache zu bringen. Sie sollten sich nie Vorwürfe machen, dass Sie dieses oder jenes nicht wissen. Bedenken Sie, dass wir Eltern für unsere Aufgabe nie ausgebildet worden sind. Wir können alle etwas Hilfe gebrauchen, um unsere Effektivität zu verbessern. Wenn man etwas verbessern will, bedeutet das nicht, dass man bisher nur ungenügende Leistungen erbracht hat. Im Gegenteil, diejenigen, die immerzu nach Wegen suchen, wie sich etwas verbessern lässt, sind die am wenigsten Ungenügenden.

Meine Arbeit hat mir einen enormen Glauben in die Fähigkeit von Familien gegeben, Wege aus ihren Schwierigkeiten zu finden. Wenn Sie zumindest einige Punkte dieses Programms durchgearbeitet und einige Veränderungen zum Guten bewirkt haben, bestätigen Sie meinen Glauben aufs Neue. Wenn Sie das Gefühl haben, Sie kämpfen immer noch, keine Sorge – Sie sind nicht allein. Beharrlichkeit ist das Entscheidende. Die Veränderung wird eintreten, das verspreche ich.

ADS-Kinder: Können nicht? Wollen nicht?

Von Anfang an ging es mir um den Hinweis, dass das Erlernen neuer Gewohnheiten der Schlüssel zum Erfolg ist. Ich wollte das Bewusstsein dafür stärken, dass Sie als Eltern eine gewaltige Menge tun können, um das Verhalten Ihres Kindes zu beeinflussen.

Das schlechte Verhalten von ADS-Kindern besteht zu einem großen Teil nur aus schlechten Angewohnheiten. ADS macht Kinder impulsiv, unaufmerksam und hyperaktiv. Es ist für sie viel schwerer, die Regeln zu lernen, die das Zusammensein mit anderen Menschen bestimmen, und diese Schwierigkeit ist der Grund für die meisten Gefechte, die zwischen Ihnen und Ihrem Kind jeden Tag ausbrechen. Medikamente stellen ADS-Kinder ruhig, so dass sie leichter lernen können. Aber Sie müssen Ihrem Kind beibringen, wie es manches anders machen kann. Und um dies zu leisten, müssen *Sie* ebenfalls lernen, manches anders zu machen.

Eltern: Können nicht? Wollen nicht?

Das ADDapt-Programm hilft Ihnen dabei, seltener zu tun, was bei Ihrem Kind nicht funktioniert, und häufiger zu tun, was funktioniert. Weil Veränderung uns allen schwer fällt, habe ich einige wirkungsvolle Strategien vorgeschlagen, die Ihre Motivation und Entschlossenheit erhöhen. Auf diese Techniken können Sie jederzeit zurückgreifen. Sie werden sie vielleicht auch für andere Herausforderungen in Ihrem Leben nützlich finden.

Wenn Sie meine Vorschläge noch nicht ausprobiert haben, so wollen Sie sie vielleicht in Zukunft in Erwägung ziehen. Das meiste in diesem Buch wird für Sie wichtig und nützlich sein, wenn Sie bereit dazu sind. Sie können sich selbst und Ihre Kraft am besten einschätzen. Sie können am besten entscheiden, wann die Zeit für Sie gekommen ist.

Das ADDapt-Programm – ein Begleiter für Ihre ADS-Reise

Der Umgang mit ADS ist ein Prozess, der nicht aufhört. Wir neigen alle dazu, in alte Muster zurückzufallen. Bitte sehen Sie in unserem ADDapt-Programm einen Langzeitgefährten, nicht nur etwas, das Sie einmal durcharbeiten, und – hopplahopp! – schon haben Sie's geschafft. Die hier vorgetragenen Ideen und Strategien sind vielmehr so angelegt, dass Sie zu jeder Zeit zu ihnen zurückkehren können, wenn Sie das Bedürfnis danach haben.

Ich glaube, dass viele von Ihnen im Text gelesen und dann die eine oder andere Technik ausprobiert haben, wobei Sie sie nach Ihren spezifischen Bedürfnissen abgewandelt haben. Auf die Gefahr hin, mich zu wiederholen: Dieses Buch ist darauf angelegt, dass man zu einzelnen Kapiteln zurückkehren kann. Viele der Stufen können unabhängig voneinander beschritten werden, um Bereiche Ihrer Beziehung zu Ihrem Kind nach Bedarf zu stärken.

Ich möchte einen Moment zurückschauen auf das, was Sie erreicht haben. Das ADDapt-Programm verweist Sie auf drei Ziele:

- sich näher kommen;
- neue Fähigkeiten entwickeln;
- die Umstände und sich selbst im Griff zu haben.

Sich näher kommen

Die Schritte 2 bis 4 legen Gewicht auf die »Geheimwaffen« in Ihrem Kampf für Veränderung:

- zusammen die Sonderzeit verbringen, die frei von Zwang, Tadel und Kontrolle ist;
- das Verhalten, das Sie öfter sehen wollen, mit Ihrer Aufmerksamkeit und mit Lob belohnen;
- die Fähigkeiten Ihres Kindes durch Ermutigung bestärken und neue Fertigkeiten entwickeln.

Dies sind Hilfsmittel, die Sie bereits kannten, aber inmitten des Chaos, das ein Leben mit ADS bedeuten kann, haben Sie sie wahrscheinlich aus den Augen verloren. Das ADDapt-Programm erlaubt Ihnen, diese Dinge in den Vordergrund zu stellen. Es gibt Ihnen ebenfalls die Instrumente und die Anleitung an die Hand, sie zu realisieren. Der Überraschungseffekt ist der, dass Ihr Kind Ihre Beziehung plötzlich anders erlebt – es erkennt, dass es Ihnen darum geht, einander näher zu kommen, und Sie sich über alles freuen, was es positiv zu Ihrer beider Beziehung beiträgt.

Neue Fähigkeiten entwickeln

Die Schritte 5 bis 8 zeigen die Gründe für Verhaltensprobleme bei ADS-Kindern und die Strategien, wie man sie meistern kann:

- wie Sie mit Ihrem Kind kommunizieren;
- wie Sie Ihr Kind so organisiert bekommen, dass es daraus Mut schöpft;
- lernen, wann Sie reagieren und wann Sie ignorieren müssen.

Bei ADS-Kindern ist es besonders wichtig, dass Sie die Fähigkeit besitzen, eine klare und eindeutige Botschaft hinüberzubringen, wenn Sie etwas nach Ihren Vorstellungen erledigt haben wollen. Die mittleren Stufen des Programms konzentrieren sich auf diesen Punkt. Wenn Sie die Übungen gemacht haben, dann haben Sie bereits mit neuen Techniken experimentiert, wie Sie Ihre Botschaft vermitteln können. Sie sollten auch klarer erkennen, wann es sinnvoll ist, nicht zu reagieren.

Lesen Sie sich diese Kapitel immer wieder durch, wenn Sie sich dabei ertappen, dass Sie wieder in alte Gewohnheiten zurückfallen.

Und wenn dies Ihren Appetit auf neue Ideen und Erkenntnisse angeregt hat, dann stöbern Sie in den Regalen Ihrer Buchhandlung oder öffentlichen Bibliothek nach weiteren Büchern, die sich mit Kommunikationsfähigkeiten und Selbstbewusstsein beschäftigen. Oft stoßen Sie dabei auf eine Idee oder Technik, die Sie bislang noch nicht ausprobiert haben.

Sich im Griff haben

Die Schritte 9 bis 11 zeigen Strategien, wie Sie des trotzigen Verhaltens, das Ihnen begegnet, Herr werden. Eltern von ADS-Kindern haben oft das Gefühl, dass dies ihr größter Kampf ist. Wenn Sie vor Ihrem Kind die Beherrschung verlieren, ist das sowohl für Ihr Kind wie für Sie selbst demoralisierend und möglicherweise bedrohlich. Nach den Strategien zur Verbesserung der Qualität Ihrer Beziehung schlägt das ADDapt-Programm neue Wege vor, wie Sie die Oberhand behalten. Auf diese Weise sollten Sie leichter mit den Spannungen und Frustrationen fertig werden, die eine Veränderung in diesem Bereich auslösen kann.

Mit der Anwendung von zwei wesentlichen Techniken – des Familien-Punkte-System (sowohl als Anreiz wie als Abschreckungsmittel) und der Auszeit – verhindern Sie, dass aus Machtkämpfen um Kontrolle körperliche Auseinandersetzungen werden.

Brauchen Sie die Hilfe eines Therapeuten?

Alle Ratgeber haben Ihre Grenzen – auch dieser! Wenn Sie glauben, mehr Hilfe zu brauchen, wohin sollten Sie gehen? An wen sollen Sie sich wenden? Was wird angeboten? Wie wird es helfen?

Ein Therapeut, der Ihnen gegenübersitzt, kann etwas tun, was ein Buch nicht vermag – Sie persönlich kennen lernen. Einen Therapeuten aufzusuchen erfordert Mut, doch der Gewinn kann beträchtlich sein. Der Therapeut oder die Therapeutin, den oder die Sie suchen, ist auf Verhaltensprobleme von Kindern spezialisiert. Kinderpsychiater, Kinderpsychologen und Familientherapeuten und einige Kinderärzte sind Experten auf diesem Gebiet. Sie sind vertraut mit der *Verhaltensmodifikations-Therapie*, auf der unser ADDapt-Programm basiert. Manche sind darin spezialisiert oder können andere Therapien anbieten, die Ihnen ebenso helfen können. Hierbei kann es sein, dass in erster Linie mit Ihnen und Ihrem Partner gearbeitet wird, wenn Sie als (Ehe-)Paar zusammenleben; oder mit der ganzen Familie oder nur mit Ihnen oder nur mit Ihrem Kind oder mit Ihnen und Ihrem Kind.

Ich rate Ihnen: Seien Sie offen für die Vorschläge der Therapeuten. Menschen, die außerhalb Ihrer Situation stehen, können oft Dinge erkennen, die Ihnen verborgen bleiben – z. B. Gewohnheiten, die Sie nicht wahrnehmen und die Ihre Änderungsbemühungen behindern. Die Fachleute vermitteln Ihnen einen neuen Blick auf die Dinge und neue Lösungen für Schwierigkeiten, mit denen Sie sich seit Jahren abplagen. Versuchen Sie, deren Ideen zusammen mit denen in diesem Buch zu nutzen.

Brauchen Sie eine Selbsthilfegruppe?

Die Eltern, die ich kennen lerne, schätzen Selbsthilfegruppen sehr. Sie scheinen einen zweifachen Nutzen zu haben.

Der erste besteht darin, sich praktischen Rat und Informationen einzuholen. Man bekommt die Möglichkeit, Erfahrungen und Ideen mit Leuten auszutauschen, die Ihre Probleme aus eigener Erfahrung kennen. Die Selbsthilfegruppen, die es hierzulande mittlerweile gibt, sind ein gut funktionierendes Netzwerk zur Verbreitung wichtiger Informationen über ADS und über die angebotenen Möglichkeiten, damit umzugehen. Unsere Erkenntnisse über dieses Syndrom nehmen ständig zu. Wenn Sie Kontakt zu einer solchen Gruppe aufnehmen, können Sie sicher sein, auch das Neueste auf dem Gebiet von ADS zu erfahren.

Und wenn Sie auf unüberwindliche Hindernisse stoßen bezüglich der Diagnose und Behandlung von ADS, werden Sie wahrscheinlich in einer der örtlichen Initiativgruppen jemanden finden, der schon einmal vor den gleichen Problemen stand und sie gemeistert hat.

Der zweite große Nutzen sind die emotionale Unterstützung und das Gefühl der Solidarität, die man in einer Gruppe erfährt. Die Menschen in ihr verstehen genau, was Sie durchmachen, und empfinden Sympathie für Sie, wenn Sie davon sprechen, welchen Einfluss ADS auf Ihr Leben gehabt hat. Auch sie sind mit den Fehleinschätzungen durch Freunde und Verwandte vertraut, die nichts von ADS verstehen. Die Mitglieder der Gruppe werden Ihnen sagen, wie vielen Vorurteilen sie selbst immer noch begegnen, und verstehen, wie wertvoll Solidarität im Umgang damit ist.

Und es gibt einen dritten Nutzen. Elternselbsthilfegruppen bilden die mächtigste Lobby dafür, dass bezüglich ADS mehr getan wird und solche Kinder von Schulen und anderen Institutionen besser verstanden werden.

Schlussgedanken über den Erfolg

Am Ende jeder Stufe habe ich Ihnen »Tipps für den Erfolg« gegeben. Diese letzte Stufe scheint der richtige Ort, um über *Ihren* Erfolg nachzudenken.

Erstens möchte ich Ihnen meine Anerkennung aussprechen dafür, dass Sie diesem Programm gefolgt sind – wie auch immer Sie es angewendet haben.

Zweitens gilt Ihnen meine besondere Anerkennung, weil Sie Ihr ADS-Kind nie aufgegeben haben. Sie haben mit diesem Buch in einer schwierigen Zeit an der Beziehung zu Ihrem Kind gearbeitet – in einer Zeit, als Sie sich in der Sackgasse fühlten und wahrscheinlich kaum mehr an die Möglichkeit einer Veränderung glaubten. Gerade in diesem frustrierendsten aller Augenblicke haben Sie Schritte unternommen, um Ihrem Kind zu helfen und die Lage zu ändern. Mit einem Wort: Sie haben die Dinge wieder in Bewegung gebracht.

Was immer Ihr Kind in seinem Leben erreichen wird, eines Tages, so glaube ich, wird diese Tatsache von großer Bedeutung für Sie beide sein.

Anhang 1
Zusammenarbeit in der Partnerschaft

Für die meisten von uns geht die Kindererziehung beide Elternteile an. Und für diejenigen unter Ihnen, die keinen Lebens- oder Ehepartner haben, gibt es oft andere Menschen, die Einfluss darauf haben, wie Sie mit Ihren Kindern umgehen.

Während zu allen Beziehungen Konflikte und Meinungsverschiedenheiten gehören – insbesondere wenn Kinder ins Spiel kommen –, ist ein wesentlicher Faktor bei der Erziehung eines ADS-Kindes, dass die beteiligten Erwachsenen fähig sind, konsequent zusammenzuarbeiten. Die Beziehung, die Sie zu Ihrem Partner oder Ihrer Partnerin haben, kann von größter Bedeutung für Ihre Motivation und Ihre Fähigkeit sein, eingreifende Veränderungen in Ihrer Erziehungsweise vorzunehmen. Zusammenarbeit heißt, dass Sie die gleichen Erwartungen und Überzeugungen hinsichtlich Ihres ADS-Kindes haben müssen und dass Sie am gleichen Strang ziehen, um gemeinsam vereinbarte Ziele zu erreichen.

Weil ADS die Widerstandskräfte ziemlich belastet, kommt es häufig vor, dass einer der beiden Eltern sich von den Problemen »erdrückt« fühlt, die Sie alle zur Genüge kennen. Meist fühlt sich ein Elternteil schwerer belastet als der andere und ist pessimistischer. Für diesen Pessimismus gibt es viele Gründe. Es ist wichtig, dass Sie diesem Problem Zeit und Aufmerksamkeit widmen, weil die Negativität eines Partners die positive Arbeit des anderen zunichte machen kann.

Sie können es selber merken, wenn Ihr Partner am Ende ist. Sie sehen es normalerweise daran, dass er oder sie

- düster wirkt, wenn er oder sie über Vergangenheit, Gegenwart und Zukunft nachdenkt;
- sich negativer äußert;

- keinerlei Enthusiasmus über eine Veränderung zeigt;
- keine Hoffnung zeigt, dass die Dinge sich bessern könnten;
- meist schroff mit den Kindern umgeht;
- auf unangemessene Weise überreagiert, was er oder sie vorher nicht getan hat;
- extrem reizbar ist, wenn Kleinigkeiten schief gehen.

Wenn Sie sich in der bedrückten Person, die ich beschrieben habe, wiederfinden, dann lassen Sie mich Ihnen sagen, dass Sie den ersten Schritt getan haben, um sich aus dieser Situation zu befreien, indem Sie dieses Buch lesen (und es so weit gelesen haben). Der zweite Schritt wird sein, dass Sie mit jemandem darüber reden, wie Sie sich fühlen. Das kann Ihr Partner oder Ihre Partnerin sein oder jemand außerhalb der Familie wie z. B. ein/e Freund/in oder Kollege/in, der/die Ihr Vertrauen besitzt. Er oder sie kann Ihnen die Gelegenheit geben, Ihr Herz auszuschütten und Ihnen bei der Entscheidung helfen, ob Sie weiter gehende Hilfe brauchen.

Angenommen, die so belastete Person ist Ihr Partner oder Ihre Partnerin. Drei Dinge kann ich Ihnen vorschlagen:

1. Schaffen Sie eine Gelegenheit, um über die Themen dieses Buches zu sprechen.
2. Sprechen Sie über seine oder ihre Frustrationen. Erklären Sie, an welchem Punkt Sie Ihrem Gefühl nach mit dem ADDapt-Programm angekommen sind. Gehen Sie diese Themen behutsam an. Wenn Ihr Partner/Ihre Partnerin empfindlich ist, wird er/sie vielleicht ablehnend reagieren und glauben, Sie wollten nur herumkritisieren. Sie sollten nicht andeuten oder zwischen den Zeilen sagen, dass Ihr Partner Sie im Stich lässt oder seine Pflichten versäumt, denn dies wird Sie nur weiter von Ihrem Ziel der Zusammenarbeit entfernen.
3. Diskutieren Sie gemeinsam, ob Sie Rat von außen brauchen. Elternprobleme mit jemandem zu besprechen, der neutral ist, kann sehr hilfreich sein.

Doch wenn Ihr Partner die Dinge anders sieht als Sie und es schwierig ist, Einigung zu erzielen, dann verschwenden Sie nicht Ihre ganze Energie damit, ihn oder sie zu überreden, sich Hilfe von außen zu suchen. Wenn Sie individuelle Hilfe brauchen, müssen Sie sie dann bekommen, wenn *Sie* glauben, dass der richtige Zeitpunkt für *Sie* gekommen ist. Sie selbst aber sollten sich darauf konzentrieren, wie Sie die Ideen aus diesem Buch anwenden können, um eine Änderung in der Beziehung zu Ihrem ADS-Kind einzuleiten. Auch wenn Ihr Kind merkt, dass Sie und Ihr Partner nicht immer als Team an diesen Ideen arbeiten, so gibt es doch noch eine Menge, was erreicht werden kann. Geben Sie nicht auf, nur weil die Situation nicht ideal ist.

 Häufig gestellte Fragen

? *Wenn wir uns nun aber beide zur gleichen Zeit ausgebrannt fühlen?*

☞ Gute Frage. Ich sehe in einer Partnerschaft, in der Kinder erzogen werden, oft ein Team, das seine Arbeit im Schichtwechsel erledigt. Sowie ein Teil erlahmt, springt der Partner ein, schafft auf diese Weise Zeit für Erholung und führt dem gemeinsamen Ziel neue Energie zu. Leider bricht diese Balance zusammen, wenn beide Partner am Ende ihrer Kräfte sind. Wenn man sich so am Boden fühlt, löst es oft eine Abwärtsspirale aus, in der mehr und mehr Streitigkeiten die Moral immer mehr untergraben. Das Verhalten der Kinder kann sich in solchen Zeiten verschlechtern, weil sie verunsichert und verwirrt sind über das, was vorgeht. Schließlich leidet die Qualität der Beziehung mit Ihrem Partner und der gegenseitige Respekt kann verloren gehen.

Es bedarf großer Ehrlichkeit, um zuzugeben, dass Sie in eine solche Abwärtsspirale geraten sind. Man fühlt sich empfindlich und verletzlich, man denkt, man habe irgendwie versagt. Hilfe von außen ist in solchen Zeiten unschätzbar. Beratungsstellen können Ihnen helfen, gemeinsam über Ihre Probleme zu sprechen – in einer Umgebung, in der die Feindseligkeit, die sich zwischen Ihnen eingeschlichen haben mag, kaum aufkommen dürfte. Dies gibt Raum dafür, Ihre Gefühle zu teilen und wieder Verbindung zu Ihrem Partner aufzunehmen. Auch Paartherapeuten können Ihnen Wege aufzeigen, wie Sie Ihre Beziehung erneut stärken. Wenn Sie meinen, dass sich Ihre Beziehung in großen Schwierigkeiten befindet, dann rate ich Ihnen, dieses Programm zunächst noch nicht zu beginnen. Wahrscheinlich werden in einer solchen Situation weder Sie noch Ihr Partner es schaffen, Verhaltensänderungen herbeizuführen und beizubehalten. Es ist der falsche Zeitpunkt. Konzentrieren Sie sich stattdessen darauf, in Ihrer Beziehung positiven Rückhalt aufzubauen.

? *Was, wenn mein Partner mich nicht bei den Fortschritten unterstützt, die ich mit meinem Kind mache?*

☞ Dies ist nicht leicht zu beantworten. Am besten wäre es natürlich, wenn Ihr Partner an Ihren Bemühungen, die Beziehung zu Ihrem Kind auf neue Beine zu stellen, teilnehmen würde. Wenn Sie anfangen, Ihre Erziehungsmethoden einer Revision zu unterziehen, und sich überlegen, wie Sie manches effektiver machen könnten, werden Sie ebenso die Art und Weise, wie Ihr Partner mit der Situation umgeht, neu bewerten. Wenn seine oder ihre Weigerung, Sie zu unterstützen, ein Hindernis für Veränderungen darstellt, dann ist mein einziger Rat, therapeutische Beratung und Hilfe aufzusuchen. Aber geben Sie nicht auf, nur weil die Situation nicht ideal ist. Es gibt eine Menge, was Sie trotzdem tun können, auch wenn Ihr Kind die Differenzen zwischen Ihnen und Ihrem Partner bemerkt. Verlieren Sie nicht aus dem Auge, was Sie erreichen und in die Praxis umsetzen können.

Anhang 2
Sonderzeiten für ältere Kinder

Kinder aller Altersgruppen können von Ihrer ungeteilten Aufmerksamkeit während der Sonderzeiten profitieren, auch wenn der Begriff »Sonderzeit« für ältere Kinder (sieben und darüber) kindisch klingen mag. Die wichtigsten Bestandteile der Sonderzeit sind:

- Sie verbringen täglich eine Zeit mit Ihrem Kind in gemeinsamer Aktivität – ohne Ablenkung von außen.
- Sie erforschen die Ansichten und Interessen Ihres Kindes.
- Sie zeigen Ihr ungeteiltes Interesse, indem Sie zuhören und Feedback geben.
- Sie vermeiden zu belehren, zu dozieren, zu rügen und den »Chef« zu spielen.
- Sie haben Spaß zusammen.

Das kann tatsächlich mit einem älteren Kind, dessen Interessen fortgeschrittener sind als bei einem kleinen Kind, leichter funktionieren. Versuchen Sie also die Sonderzeit mit vorstrukturierten Unternehmungen, wie unten aufgeführt, zu verbinden. Manche finden außerhalb von zu Hause statt, so dass es wahrscheinlich einer gewissen Planung bedarf.

- Schwimmen
- Reiten
- Wanderungen

- Kino
- Minigolf

- Schlittschuhlaufen
- Fahrradtouren
- Fußball (Ihrem Kind beim Spiel zuschauen, zu einem Spiel ins Stadion gehen, zusammen spielen)
- Einkaufen
- Computerspiele

Hausaufgaben

Sie können sogar die Hausaufgaben in die Sonderzeit einbinden, solange Sie nicht den Fehler machen, Ihr Kind zu korrigieren, kritisieren usw. Denken Sie daran: Sonderzeit ist konfliktfreie Zeit. Nehmen Sie nur die Teile der Hausaufgaben ab, die Ihrem Kind wirklich Spaß machen.

 Tipps für den Erfolg

- Nehmen Sie sich täglich zehn Minuten, um herauszufinden, was Ihr Kind heute Neues gelernt hat. Erkundigen Sie sich, woran es vielleicht Interesse gefunden hat. Finden Sie heraus, ob es irgendetwas gibt, das dieses Interesse anregen oder wie man es unterstützen kann. Es lohnt sich immer, dem, was Ihr Kind lernt, positiv zugewandt zu sein. Geben Sie Ihrem Kind eine Chance, zu zeigen, wie viel es weiß, bevor Sie eigene Ideen einbringen.

- Loben Sie die Fortschritte in der Arbeit Ihres Kindes. Schauen Sie sich seine Schulhefte an und suchen Sie etwas zum Loben aus. Bemerken Sie, wenn die Handschrift ordentlicher wird. Heben Sie bessere Noten hervor. Finden Sie Dinge, die Sie loben können, die der Lehrer vielleicht übersehen hat. Denken Sie daran: Je älter Ihr Kind wird, umso wichtiger ist es, im Lob so spezifisch wie möglich zu sein.

- »Nichts« ist keine Antwort! Seien Sie beharrlicher als gewöhnlich, um herauszubekommen, was in der Schule geschieht. »Komm, du wirst dich doch noch an etwas erinnern – was ist das Interessanteste oder Lustigste, was ihr heute in der Schule gemacht habt?« Aber seien Sie behutsam! Forschen Sie mit Wärme und Humor. Zeigen Sie Ihrem Kind, dass Sie sich nicht leicht abwimmeln lassen und wirklich interessiert sind, aber keine Kritik üben wollen.

Freunde

Dies ist ein weiterer Schlüsselbereich für größere Kinder, denn sie lernen immer noch, wie man Freunde gewinnt, behält und verliert. Da ihnen noch nicht alles ganz klar und durchschaubar sein wird, was in diesem Zusammenhang alles vor sich geht und innerlich stattfindet, ist dies ein weites Feld für sensibles und echtes Interesse Ihrerseits. Aber respektieren Sie die Intimsphäre Ihres Kindes.

 Tipps für den Erfolg

- Gewöhnen Sie sich an, Einzelheiten über die Freunde Ihres Kindes in Erinnerung zu behalten. Überraschen Sie Ihr Kind mit einer Frage nach David oder Steffi. Hören Sie zu, ohne gleich mit Ratschlägen aufzuwarten, es sei denn, Sie werden danach gefragt.
- Ob Sie wollen oder nicht, akzeptieren Sie, dass ältere Kinder Sie nicht um sich haben wollen! Dieses Bedürfnis, für sich zu sein, muss respektiert werden. Wenn Sie es Ihrem Kind aber überlassen, wie viel es Ihnen über seine Probleme mit Freunden oder darüber, dass es keine hat, sagen will, dann wird es sich nach meiner Erfahrung sicherer fühlen, sich Ihnen gegenüber zu öffnen.

Mahlzeiten

Wenn Kinder älter werden, dann möchten sie die Mahlzeiten gerne freier handhaben. Sie selbst mögen in dieser Frage flexibel sein oder nicht. Doch Mahlzeiten sind ein bedeutender Treffpunkt für die Familie, und es ist wirklich von Nutzen, wenn Sie darauf bestehen, dass die Familie sich wenigstens einmal in der Woche zu einer gemeinsamen Mahlzeit zusammensetzt.

Tipps für den Erfolg

- Schaffen Sie ein positives Feedback. Bitten Sie jeden am Tisch, ein paar Worte über ein positives Erlebnis zu sagen, das ihm an diesem Tag oder in dieser Woche widerfahren ist.
- Bleiben Sie auf dem Laufenden. Finden Sie ein Thema oder Ereignis, wovon zuvor schon die Rede war oder von dem Sie gehört haben, und fragen Sie nach. »Was ist eigentlich mit …?«
- Planen Sie auch ein wenig im Voraus. Sorgen Sie dafür, dass die anderen Erwachsenen und Geschwister mitmachen, so dass sie bei Familienmahlzeiten gut gelaunt und positiv eingestellt sind.

Lassen Sie keine Streitereien und nicht zu viel Gemurre an sich herankommen, wenn es Ihnen darum geht, alle zusammenzubringen.

 Bedenken Sie allgemein:

- ADS-Kinder lieben Aktivitäten, bei denen etwas los ist.
- Stellen Sie sie nie vor ihren Freunden oder Freundinnen bloß. Machen Sie sich rar, wenn so etwas ansteht.
- Sie müssen damit rechnen, dass Ihre Bemühungen ziemlich oft zurückgewiesen werden. Geben Sie nicht auf. Jugendliche unterliegen schwankenden Stimmungen. Was Sie Ihnen und der Welt im Allgemeinen gegenüber fühlen, kann sich sehr schnell ändern.
- Sie müssen durchhalten, um Ihre Botschaft »Ich habe Interesse an dir« rüberzubringen. Ältere Kinder prüfen genauer, ob Sie auch meinen, was Sie sagen. Wenn Sie schnell aufgeben, können sie glauben, Ihr Interesse sei nicht echt gewesen.

❓ Häufig gestellte Fragen

? *Mein Sohn benimmt sich wirklich unvernünftig. Wenn wir draußen sind, kaspert er herum und begibt sich sogar in Gefahr. Wie soll ich damit umgehen, wenn es zwischen uns doch darum gehen soll, miteinander Spaß zu haben, und darum, dass keiner das Sagen haben soll?*

☞ Das kommt immer wieder vor. Also müssen Sie sich darüber klar sein, was Ihre Mindestanforderungen an das Verhalten Ihres Kindes sind. Wenn Sie sich Sorgen machen, was alles schief gehen und Ihre gemeinsame Zeit verderben könnte, dann sprechen Sie darüber, bevor Sie hinausgehen. Wenn Sie draußen sind, versuchen Sie so viel von dem Unsinn und vielleicht auch Gefährlichen zu übersehen, wie Sie mit sich vereinbaren können. Wenn die Dinge aber außer Kontrolle geraten, dann ist der Spaß vorbei und es geht zurück nach Hause.

? *Wenn wir unser Kind dazu bringen wollen, an Aktivitäten mit meinem Mann oder mit mir teilzunehmen, kommt es zu Streit und zum Familienkrach – hat es dann Sinn, solche Beschäftigungen zu erzwingen?*

☞ Nein. Wenn Ihre Bemühungen die Familie eher auseinander statt zusammenbringen, dann ist es Zeit, innezuhalten und nachzudenken. Überlegen Sie, wie lange es schon so läuft. Entscheiden Sie, ob die Beziehung zu Ihrem Kind ernsthaft gefährdet ist. Wenn ja, dann kann es empfehlenswert sein, den Rat von jemandem außerhalb der Familie einzuholen. Das Gespräch mit einem Kinderpsychologen oder Familientherapeuten über diese Dinge kann eine neue Perspektive eröffnen.

☑ Letzter Tipp für den Erfolg

- Wie alt Ihr Kind auch immer sein mag, es ist nie so erwachsen oder so unabhängig, dass Sie nicht zusammen Sonderzeiten verbringen könnten. Seien Sie ruhig ein Ekel, wenn es nötig ist – aber sorgen Sie auch für Sonderzeiten, die Sie gemeinsam verbringen. Gestalten Sie diese Zeiten positiv, haben Sie Spaß miteinander – und loben, loben und loben Sie Ihr Kind immer wieder von neuem.

Rat für Eltern und Fachleute

Thilo Fitzner · Werner Stark (Hrsg.)

ADS: verstehen - akzeptieren - helfen

PSYCHOLOGIE

Das Aufmerksamkeitsdefizitsyndrom
mit Hyperaktivität
und ohne Hyperaktivität

BELTZ
Taschenbuch

Das Erscheinungsbild der Aufmerksamkeitsdefizitstörung ist vielfältig und wird oft erst nach einem langen Leidensweg der Betroffenen diagnostiziert Bei allen, die mit ADS-Kindern leben und arbeiten, besteht ein großes Bedürfnis nach Information – nach klaren Aussagen zu den Ursachen und therapeutischen Möglichkeiten. Neueste Erkennt-nisse zur Ursachenforschung werden in diesem Buch ebenso dargestellt wie pädagogische und therapeutische Hilfen für Elternhaus und Schule. Breiten Raum nimmt der Komplex ADS bei Jugendlichen und Erwachsenen ein. Ansätze in Therapie und Forschung aus den USA und Skandinavien ergänzen dieses aktuelle, umfassende und interdisziplinäre Buch, das sich an Lehrer, Therapeuten, Mediziner und Betroffene richtet.

Thilo Fitzner / Werner Stark (Hrsg.)
ADS: verstehen – akzeptieren – helfen
Das Aufmerksamkeitsdefizit-Syndrom
mit Hyperaktivität und ohne Hyperaktivität
Beltz Taschenbuch 78
320 Seiten
ISBN 3 407 22078 2

BELTZ
Taschenbuch

Spaß am Lernen

Das Kind »kommt nicht mit« in der Schule, es hat Lernschwierigkeiten. Eltern fühlen sich dabei oft unsicher oder hilflos – weil sie die Zusammenhänge nicht kennen. Fachleute erklären in diesem Buch, wie erfolgreiches Lernen funktioniert. Besorgten Eltern machen sie deutlich, wie unterschiedlich Störungen sein können und was in welchen Fällen zu unternehmen ist. Selbst Kinder mit erheblichen Problemen können so wieder Spaß an der Schule gewinnen. Die Autoren vertreten die »integrative Lerntherapie«, die verschiedene Methoden aus Pädagogik, Psychologie, Biologie und Medizin verbindet. Im Anhang: eine gut sortierte Adressenliste für den Fall, dass weitere Hilfe nötig ist.

Ursula Schmeing / Hans-Joachim
Meyer-Krahmer (Hrsg.)
Schulerfolg trotz Lernschwierigkeiten
Was Eltern tun können: Früherkennung, Positive
Lernbedingungen, Professionelle Hilfe
Beltz Taschenbuch 802, 120 Seiten
ISBN 3 407 22802 3

Taschenbuch

Entspannt sind Kinder offener

Entspannungstechniken und Ruherituale sind besonders in der Arbeit mit verhaltensauffälligen Kindern und Jugendlichen von großer Bedeutung. Hyperaktivität, Aggression, Angstreaktionen, Übererregung und Angespanntheit lassen sich durch Entspannungsverfahren vermindern oder abbauen, so daß günstige Voraussetzungen für die therapeutische, schulische und pädagogische Arbeit geschaffen werden.

In diesem Buch werden kognitive, sensorische und imaginative Entspannungstechniken ausführlich dargestellt und ihre psychologische und psychologische Wirkung beschrieben. Es ist ein praxisorientierter Leitfaden für die Anwendung verschiedener Entspannungsverfahren in der Arbeit mit Kindern und Jugendlichen.

Die Autorin, Lehrstuhlinhaberin für Verhaltensgestörtenpädagogik an der Universität Dortmund, arbeitet schwerpunktmäßig im Bereich Verhaltensmodifikation, Pädagogische und Klinische Psychologie. Zusammen mit Franz Petermann hat sie verschiedene Förder- und Trainigsprogramme für die Arbeit mit aggressiven, unsicheren und verhaltensgestörten Kindern entwickelt.

Ulrike Petermann
Entspannungstechniken
für Kinder und Jugendliche
Ein Praxisbuch
Beltz Taschenbuch 19, 106 Seiten
ISBN 3 407 22019 7

Taschenbuch